U0678237

浙江文化印记

黄帝文化

李学功 著

浙江人民出版社

图书在版编目（CIP）数据

黄帝文化 / 李学功著. -- 杭州 ：浙江人民出版社，2025. 5. --（浙江文化印记）. -- ISBN 978-7-213-11881-4

Ⅰ. K203

中国国家版本馆CIP数据核字第20251BZ395号

黄帝文化

李学功　著

出版发行：浙江人民出版社（杭州市环城北路177号　邮编　310006）

市场部电话：(0571)85061682　85176516

责任编辑：祝含瑶

责任校对：何培玉

责任印务：程　琳

封面设计：厉　琳

电脑制版：杭州兴邦电子印务有限公司

印　　刷：杭州富春印务有限公司

开　　本：880毫米×1230毫米　1/32　　印　　张：6.625

字　　数：153千字　　插　　页：2

版　　次：2025年5月第1版　　印　　次：2025年5月第1次印刷

书　　号：ISBN 978-7-213-11881-4

定　　价：56.00元

“浙江文化研究工程成果文库”总序

有人将文化比作一条来自老祖宗而又流向未来的河，这是说文化的传统，通过纵向传承和横向传递，生生不息地影响和引领着人们的生存与发展；有人说文化是人类的思想、智慧、信仰、情感和生活的载体、方式和方法，这是将文化作为人们代代相传的生活方式的整体。我们说，文化为群体生活提供规范、方式与环境，文化通过传承为社会进步发挥基础作用，文化会促进或制约经济乃至整个社会的发展。文化的力量，已经深深熔铸在民族的生命力、创造力和凝聚力之中。

在人类文化演化的进程中，各种文化都在其内部生成众多的元素、层次与类型，由此决定了文化的多样性与复杂性。

中国文化的博大精深，来源于其内部生成的多姿多彩；中国文化的历久弥新，取决于其变迁过程中各种元素、层次、类型在内容和结构上通过碰撞、解构、融合而产生的革故鼎新的强大动力。

中国土地广袤、疆域辽阔，不同区域间因自然环境、经济环境、社会环境等诸多方面的差异，建构了不同的区域文化。区域文化如同百川归海，共同汇聚成中国文化的大传统，这种大传统如同春风化雨，渗透于各种区域文化之中。在这个过程中，区域文化如同清溪山泉潺潺不息，在中国文化的共同价值取向下，以自己的独特个性支撑着、引领着本地经济社会的发展。

从区域文化入手，对一地文化的历史与现状展开全面、系统、扎实、有序的研究，一方面可以借此梳理和弘扬当地的历史传统和文化资源，繁荣和丰富当代的先进文化建设活动，规划和指导未来的文化发展蓝图，增强文化软实力，为全面建设小康社会、加快推进社会主义现代化提供思想保证、精神动力、智力支持和舆论力量；另一方面，这也是深入了解中国文化、研究中国文化、发展中国文化、创新中国文化的重要途径之一。如今，区域文化研究日益受到各地重视，成为我国文化研究走向深入的一个重要标志。我们今天实施浙江文化研究工程，其目的和意义也在于此。

千百年来，浙江人民积淀和传承了一个底蕴深厚的文化传统。这种文化传统的独特性，正在于它令人惊叹的富于创造力的智慧和力量。

浙江文化中富于创造力的基因，早早地出现在其历史的源头。在浙江新石器时代最为著名的跨湖桥、河姆渡、马家浜和良渚的考古文化中，浙江先民们都以不同凡响的作为，在中华民族的文明之源留下了创造和进步的印记。

浙江人民在与时俱进的历史轨迹上一路走来，秉承富于创造力的文化传统，这深深地融汇在一代代浙江人民的血液中，体现在浙江人民的行为上，也在浙江历史上众多杰出人物身上得到充分展示。从大禹的因势利导、敬业治水，到勾践的卧薪尝胆、励精图治；从钱氏的保境安民、纳土归宋，到胡则的为官一任、造福一方；从岳飞、于谦的精忠报国、清白一生，到方孝孺、张苍水的刚正不阿、以身殉国；从沈括的博学多识、精研深究，到竺可桢的科学救国、求是一生；无论是陈亮、叶适的经世致用，还是黄宗羲的工商皆本；无论是王充、王阳明的批判、自觉，还是龚自珍、蔡元培的开明、开放，等等，都展示了浙江深厚的文化底蕴，凝聚了浙江人民求真务实的创造精神。

代代相传的文化创造的作为和精神，从观念、态度、行为方式和价值取向上，孕育、形成和发展了渊源有自的浙江地域文化传统和与时俱进的浙江文化精神，她滋育着浙江的生命力、催生着浙江的凝聚力、激发着浙江的创造力、培植着浙江的竞争力，激励着浙江人民永不自满、永不停息，在各个不同的历史时期不断地超越自我、创业奋进。

悠久深厚、意韵丰富的浙江文化传统，是历史赐予我们的宝贵财富，也是我们开拓未来的丰富资源和不竭动力。党的十六大以来推进浙江新发展的实践，使我们越来越深刻地认识到，与国家实施改革开放大政方针相伴随的浙江经济社会持续快速健康发展的深层原因，就在于浙江深厚的文化底蕴和文化传统与当今时代精神的有机结合，就在于发展先进生产力与发展先进文化的有机结合。今后一个时期浙江能否在全面建设小康社会、加快社会主义现代化建设进程中继续走在前列，很大程度上取决于我们对文化力量的深刻认识、对发展先进文化的高度自觉和对加快建设文化大省的工作力度。我们应该看到，文化的力量最终可以转化为物质的力量，文化的软实力最终可以转化为经济的硬实力。文化要素是综合竞争力的核心要素，文化资源是经济社会发展的重要资源，文化素质是领导者和劳动者的首要素质。因此，研究浙江文化的历史与现状，增强文化软实力，为浙江的现代化建设服务，是浙江人民的共同事业，也是浙江各级党委、政府的重要使命和责任。

2005年7月召开的中共浙江省委十一届八次全会，作出《关于加快建设文化大省的决定》，提出要从增强先进文化凝聚力、解放和发展生产力、增强社会公共服务能力入手，大力实施文明素质工程、文化精品工程、文化研究工程、文化保护工程、文化产业促进工程、文化阵地工程、文化传播工程、文化人才工程等“八项工程”，实施科教兴国和人才强国战略，加快建设教育、科技、卫生、体育等“四个强省”。作为文化建设“八项工程”之一的文化研究工程，其任务就是系统研究浙江文化的历史成就和当代发展，深入挖掘浙江文化底蕴、研究浙江现象、总结浙江经验、指导浙江未来的发展。

浙江文化研究工程将重点研究“今、古、人、文”四个方面，即围绕浙江当代发展问题研究、浙江历史文化专题研究、浙江名人研究、浙江历史文献整理四大板块，开展系统研究，出版系列丛书。在研究内容上，深入挖掘浙江文化底蕴，系统梳理和分析浙江历史文化的内部结构、变化规律和地域特色，坚持和发展浙江精神；研究浙江文化与其他地域文化的异同，厘清浙江文化在中国文化中的地位和相互影响的关系；围绕浙江生动的当代实践，深入解读浙江现象，总结浙江经验，指导浙江发展。在研究力量上，通过课题组织、出版资助、重点研究基地建设、加强省内外大院名校合作、整合各地各部门力量等途径，形成上下联动、学界互动的整体合力。在成果运用上，注重研究成果的学术价值和应用价值，充分发挥其认识世界、传承文明、创新理论、咨政育人、服务社会的重要作用。

我们希望通过实施浙江文化研究工程，努力用浙江历史教育浙江人民、用浙江文化熏陶浙江人民、用浙江精神鼓舞浙江人民、用浙江经验引领浙江人民，进一步激发浙江人民的无穷智慧和伟大创造能力，推动浙江实现又快又好发展。

今天，我们踏着来自历史的河流，受着一方百姓的期许，理应负起使命，至诚奉献，让我们的文化绵延不绝，让我们的创造生生不息。

2006年5月30日于杭州

目录

引　言

黄帝是什么?

黄帝是信仰!

任何一个民族都需要一个文化的本源，需要一个文化创造性人物，借此说明和解决“从哪里来，到哪里去”的问题。

印度著名政治家尼赫鲁注意到:“从没有其他国家曾像中国那样，绝少将自己的文化建立在宗教的基础上，而更多地将文化建立在道德、伦理和各式各样对人类生活的深切理解上。”其实这与传统中国农耕生活与家族本位产生的尊祖敬宗的文化有关，因为尊祖敬宗，所以中华民族重视人文化成，重视历史的借鉴，从这个意义上说，中华民族的精神信仰是对历史的信仰，是对自己文化的信仰。

黄帝作为中华民族文明开化时代的人文初祖，是中华民族的文化本源。黄帝文化集中体现了习近平总书记提出的中华文明的五个突出特性，即突出的连续性、创新性、统一性、包容性和和平性。

黄帝文化及其信仰，作为中国早期文明时代人们对“人文初祖”的集体记忆与知识建构，自进入初民的文化记忆系统，书于竹帛，便受到了民族和历史的特别礼赞。

《国语·鲁语上》即谓:“黄帝能成命百物，以明民共财……故有虞氏禘黄帝……夏后氏禘黄帝。”《史记·五帝本纪》亦谓：黄帝“顺天地之纪，幽明之占，死生之说，存亡之难。时播百谷草木，淳化鸟兽虫蛾，旁罗日月星辰水波土石金玉，劳勤心力耳目，节用水火材物”。《大戴礼记·五帝德》亦称：黄帝“治五气，设五量，抚万民，度四方”，“生而民得其利百年，死而民畏其神百年，亡而民用其教百年”。可以说，有中国人的地方就有黄帝信仰，就有黄帝文化，就有民族、民间口耳相传的黄帝传说及与之相关的社会历史文化记忆。

过去，论及黄帝文化及其历史渊薮，人们多将注意力集中于北方。不仅如此，而且黄帝的出生地、征战地、归葬地，包括建都之地也都集中在黄河中下游的中原地区，每年我国北方很多地方都会举行规模不等的祭祀活动，如河南新郑、陕西黄陵就是两个名冠海内的黄帝文化传播中心和祭祖、朝拜圣地。

为什么地处南方的浙江也会有祭祀黄帝的活动？其实，从文化的视角出发，这种情况不难理解。近年来，随着对地方性文化叙事的关注度的增加，以及各地考古发掘所带来的新发现，人们开始放宽研究和思考的视域，重新审视、认识和解读包括黄帝在内的文献典籍中关于“五帝”等的传统知识构建问题。准确地说，黄帝文化存在一个“点”“面”关系或“点”“面”结合的文化圈。面是广谱，要宽泛些，黄帝文化传播所及处即“面”。“点”则是指由于历史文化传播的特殊性作用而形成的黄帝文化传说的核心区，著名者如陕西黄陵、河南新郑黄帝故里、浙江缙云仙都黄帝仙升处，以及河北涿鹿、安徽黄山等。

正是由于黄帝文化传布于中华大地的南北西东，如此我们才能解释为什么海内外中华儿女都说自己是黄帝的子孙。在这个文化与知识重新发现和建构的过程中，人们认识到，知识发现永远在路上。在中国南方向称江南文化腹地的浙江，黄帝文化的“横空出世”便是一个颇具范本意义的文化事件。

第一章

南祠祭黄

——黄帝文化在浙江

诗人云："最初的颂词难免有神话色彩。"史家则说："很古时代的传说总有它历史方面的质素、核心。"黄帝作为中华民族的人文初祖和中华文明的开拓者、奠基者，关于他的传说、故事，自然不会是向壁虚造。从历史文化逐流的视角看，黄帝文化更是实实在在、薪火相传。就浙江而言，黄帝传说故迹主要分布在今绍兴、温州、金华和丽水一带。

第一节　黄帝文化浙江寻踪

一、众里寻他

引言所说黄帝文化在浙江的“横空出世”，是就新时期知识发现的意义而言。其实，浙江与黄帝文化的关系源远流长。

早在东晋时期，浙江黄帝文化就被文化学者郭璞所注意，到唐代为张守节所重新认识，历宋元明清，传延不辍。只是到近代以后由于国难兵燹，逐渐湮没不彰。新中国成立后，进入改革开放的新时期，浙江黄帝文化在各级党委和政府的高度重视，以及地方文史的乡土学者的热心发掘整理下，逐渐撩开了她神秘的面纱。

犹记得当时国内先秦史研究的许多著名学者，大都怀着历史学家赵世超所表达的类似疑问：“黄帝的传说产生于北方，黄帝族的活动范围没有超出黄河流域。然而，到了张守节生活的唐代，黄帝或黄帝之后的封地却被认为是远在江南浙东的缙云县，岂非咄咄怪事？百思不得其解。”

回顾这段新时期浙江黄帝文化知识发现的往事，人们也就不难理解，为什么笔者要用黄帝文化在浙江“横空出世”这样的表述语。由此亦更加证明了历史学家顾颉刚先生“层累地造成的中国古史”这一认识的伟大。当然，这样讲不是否认黄帝或者黄帝文化，对黄帝其人及其时代的认识，在学术研究上可以存疑、待证，但并不妨碍人们从文化的角度和立场去认识和理解浙江黄帝文化这个事实。

接前叙，带着这样的疑问，2000年，赵世超先生与中国先秦史学会孟世凯、张广志、詹子庆、刘宝才等诸位先生和当时正值人生风采华年的杜勇老师等一众先秦史专家风尘仆仆来到浙江考察研究，并撰写发表了多篇后来引起广泛影响的浙江黄帝文化研究论著。自此，浙江是中国黄帝文化在南方的重要传播区这一观点，得到文化学术界的高度肯定。可见，知识的发现很重要。

从文献角度看，翻检与浙地关系密切的《越绝书》，全书言及黄帝的即有5处（具体以着重号标出）：

> 臣闻炎帝有天下，以传黄帝，黄帝于是上事天、下治地。
>
> ——《越绝书·计倪内经》
>
> （范蠡）谓大夫种曰：“三王则三皇之苗裔也，五伯乃五帝之末世也。天运历纪，千岁一至，黄帝之元，执辰破巳，霸王之气，见于地户，子胥以是挟弓干吴王。”
>
> ——《越绝书·外传记范伯》
>
> 昔者，越之先君无余，乃禹之世，别封于越，以守禹冢。问天地之道、万物之纪，莫失其本。神农尝百草，水土甘苦；黄帝造衣裳；后稷产穑，制器械，人事备矣。
>
> ——《越绝书·外传记地传》
>
> 轩辕、神农、赫胥之时，以石为兵……至黄帝之时，以玉

为兵……禹穴之时，以铜为兵……当此之时，作铁兵。

——《越绝书·外传记宝剑》

就黄帝文化在浙江的流布范围而言，大体上形成了以绍兴、温州、金华、处州（今丽水）四地为中心的黄帝文化圈。根据明清时期浙江史志文献的记载，黄帝文化遗迹在绍兴、温州、金华和处州（今丽水）四府的分布，概约如下：

绍兴府，黄帝文化遗迹凡3处：

镜湖。任昉《述异记》：轩辕氏铸镜湖边，或云黄帝获宝镜于此。

磨镜石。弘治《绍兴府志》：在镜湖边。任昉《述异记》：世传轩辕氏铸镜于此，今石尚存。

——清雍正《浙江通志》卷十五

禹穴。在会稽山阴，昔黄帝藏书处也。禹治水至稽山，得黄帝《水经》于穴中，按而行之，而后水土平，故曰禹穴，世莫详其处。

——〔明〕郑善夫：《禹穴记》，
清雍正《浙江通志》卷二百六十二

金华府，黄帝文化遗迹凡2处：

石城山。《太平寰宇记》：在县南一十四里上有小石城，云黄帝曾游此。

仙华山。《名胜志》：在县北八里，一名仙姑山，又名少女峰。相传轩辕少女于此上升，故名。

——清雍正《浙江通志》卷十七

温州府，黄帝文化遗迹凡2处：

石柜山。《温州府志》：在府城西北一百八十里，《名胜志》：上有方石，状如柜，旧传黄帝缄玉版篆册于此。

仙岩山。《名胜志》：在（乐清）城东四十里，即大罗山之阳，道书天下第二十六福地，上有三皇井，岩顶有黄帝池。广五百余亩，水分八派，下有五潭，高下相属。

——清雍正《浙江通志》卷二十

处州府（今丽水），黄帝文化遗迹凡7处：

仙都山。《仙都山志》：古名缙云山。按，道书洞天三十六所，仙都第二十九，名元都祁先洞天。周回三百里，黄帝驾火龙上升处。山巅有石屋，世传为洞天之门。《史记》载：缙云本黄帝夏官之名。张守节云：栝（括）苍缙云县其所封也。《太平寰宇记》云：唐置缙云县，又以栝（括）州为缙云郡，盖以其地有缙云山故也。今县在山之西二十三里。《图经》云：唐天宝七年六月八日，彩云起于李溪源，覆绕缙云山独峰之顶。云中仙乐响亮，鸾鹤飞舞，俄闻山呼万岁者九，诸山皆应，自申至亥乃息。刺史苗奉倩上其事于朝，敕改今名。

步虚山。《仙都山志》：在仙都山前，叠嶂倚空，群峰掩映，又有小峰列如北斗，名曰斗岩。古老云：黄帝尝炼丹于此。

轩辕丘。《明一统志》：在青田之石门洞。

——清雍正《浙江通志》卷二十一

缙云台。刘澄《山水记》：黄帝炼丹之所。其址尚存。

黄帝宫。《晏公类要》：在缙云县东二十三里。

缙云宫。《晏公类要》：在缙云县东九十里。

——清雍正《浙江通志》卷五十一

缙云墟。处州为古缙云墟，上应牵牛之宿，下当少阳之位，黄帝炼丹于缙云之山。

——〔明〕李贤等《明一统志》卷四十四

综上，不难看出，黄帝文化在浙江的传承发展，尤以处州缙云为显，即缙云堪称黄帝文化在浙江的典型代表。仙都“屹然干云”的鼎湖峰，更是使缙云一跃成为中国南方黄帝文化形神兼备的独特标识。

二、“见千仞之孤石”

史传记载，浙江缙云仙都一带很早就流传着黄帝的传说，其中不乏借山石状物寄怀之所。这里所讲的“状物”自然是与黄帝的传说事迹息息相关。一如光绪《缙云县志·古迹》中所言：“地以人传，鼎湖以黄帝传。”如果你到过水明山秀、风景如画的缙云仙都，就会发现原来缙云有着得天独厚的黄帝文化标识——仙都鼎湖峰。在世人眼中，拔地而起、奇峰独秀的鼎湖峰，有如“千仞之孤石”，为演绎黄帝炼丹得道、羽化升仙，提供了一个十分便当的具象化载体。

清雍正《浙江通志》引《仙都山志》记载："缙云独峰山，一名仙都石。"东晋名士、山水诗派开山巨擘谢灵运在其《名山记》中记述道：

> 缙云山旁有孤石，屹然干云，高二百丈，顶有湖，生莲花。

南朝郑缉之《东阳记》称："独峰山，一名丹峰山。"宋人李昉等撰《太平御览》记载："缙云山，《郡国志》曰：括州（即处州也）括苍县缙云山，黄帝游仙之处。有孤石特起，高二百丈，峰数十，或如羊角，或似莲花，谓之三天子都。有龙须草，云群臣攀龙髯所坠者。"

仙都鼎湖峰

明人李贤等著《明一统志》（卷四十四）亦谓：

仙都山。在缙云县东二十三里，一名缙云山，又名丹峰山。唐天宝七年因山有灵异，改今名。道书以为玄都祈福洞天。相传黄帝尝登此山，车辙犹存。山颠（按，巅）有鼎湖，相传即黄帝上仙处，多龙须草。唐柳绅（按，李绅）诗：千寻雄镇地，万仞上擎天。[①]成华诗：轩辕示遗迹，杳杳藏深幽。丹成凌倒景，鼎湖难久留。

炼丹山。在缙云县东北八十里，上有石釜，俗呼黄帝炼丹釜。

目力所及，缙云《仙都志》概有三种：一为元道士陈性定所著《仙都志》，一为明李永明纂《仙都志》（已佚），一为明隆庆年间由

①据《全唐诗》，诗句“千寻雄镇地，万仞上擎天”出自唐朝李绅《仙都即事》，该诗云：“独出诸峰表，周围百丈圆。千寻雄镇地，万仞上擎天。湖浪动星际，莲花生日边。终当驾云鹤，绝顶会群仙。”（周振甫：《唐诗宋词元曲全集》第9册，黄山书社1999年版，第3580页。）按，《明一统志》误诗作者为唐朝柳绅，显系误刻。《宋诗纪事》则误作者为宋著作佐郎柳绅。查乾隆《缙云县志》卷八《艺文志》，标明作者系李绅。袁津琥《〈全唐诗补编〉订误》亦认为：“《仙都山志》定此诗为宋人柳绅作，疑辑录者有误。”（项楚：《新国学》第5卷，巴蜀书社2005年版，第409页）

缙云县知县李时孚编纂、缙云学者李琇采录的《仙都志》。[①]

翻检元道士陈性定《仙都志》，其所记载的缙云黄帝文化遗迹胪列如下：

《山川》：

仙都山。古名缙云山。按，道书洞天三十六所，其仙都第二十九，名玄都祈仙洞天，周回三百里，黄帝驾火龙上升处，山巅有石屋，世传为洞天之门。

独峰山。一名仙都石。谢灵运《名山记》云，缙云山旁有孤石，屹然干云，高二百丈，三面临水，周围一百六十丈，顶有湖，生莲花……旧《东阳记》，一名丹峰山，昔黄帝尝乘龙车登此山，辙迹犹存。

步虚山。在仙都山前，叠嶂倚空，群峰掩映，又有小峰列

①按，明代《仙都志》二种，一为明缙云李永明纂《仙都志》。《千顷堂书目》、清雍正《浙江通志》卷二百五十三均有著录，已佚。李永明所纂《仙都志》，在乾隆《缙云县志》卷七《艺文志》中作《仙都诗志》，卷六《人物志》中又作《仙都志》。其详不知。一为明缙云县知县李时孚编纂、缙云学者李琇采录之《仙都志》五卷，系明隆庆年间刊本。《脉望馆书目》《千顷堂书目》《述古堂藏书目》、清雍正《浙江通志》卷二百五十三均有著录。按，其中李琇之“琇”，多误作“珊”。如《浙江方志概论》谈及明《仙都志》，一方面言“仅二卷”，一方面说到作者之一写作“李珊”。（林正秋：《浙江方志概论》，吉林省地方志编纂委员会、吉林省图书馆学会1985年版，第204页。）又，《浙江方志考》亦将李琇误作“李珊”。（洪焕春：《浙江方志考》，浙江人民出版社1984年版，第546页。）复核日本所藏明李时孚《仙都志》，此志实不止二卷，应为五卷。李琇，字朝光，号月岩，又称“癯癯老人”，系缙云地方学者，乾隆《缙云县志》、光绪《缙云县志》有其传，明李时孚编纂之《仙都志》，即由李琇采录。是志现庋藏日本国立公文书馆，见内阁文库-汉书门-2364号-91函。2023年蒙缙云柯国明先生相赠该志书影印本。

如北斗，名曰斗岩。古老云：黄帝尝炼丹于此。

《祠宇》：

玉虚宫。在仙都山中，即玄都祈仙洞天黄帝飞升之地。

黄帝祠宇。唐缙云县令李阳冰篆额。

《草木》：

龙须草。产于独峰崖上。旧《志》云：黄帝驾龙上升，群臣攀龙髯而上，髯坠，化为草。

再观明李时孚编纂、李珣采录之《仙都志》，其中述列黄帝文化相关遗迹如下：

《山川》：

仙都山。古名缙云山。按，道书洞天三十六所，其仙都第二十九，为玄都祈仙洞，又周回三百里，黄帝驾火龙上升处。

鼎湖石。一名独峰。谢灵运《名山记》云，缙云山旁有孤石，屹然干云，高二百丈，三面临水，周围一百六十丈，顶有湖，生莲花……旧《东阳记》，一名丹峰山，昔黄帝尝乘龙车登此山，辙迹犹存。

斗岩。在步虚山下，群峰列如北斗。谢灵运《名山记》云，中岩上有高峰数十丈，或如莲花，或如羊角。古老云：黄帝尝炼丹于此。

火龙墩……孤山突起如巨鼋，近溪，名石壁。其下为龙井，水深不测，遇风雨，夕有火光如列炬。俗传黄帝骑火龙上升即此。

马迹潭。在火龙墩上，潭中伣（见）石底有大马蹄痕无数。俗传黄帝上升时，多戎马扈从之迹。

《神仙》：

轩辕祠（按，黄帝祠宇）……鼎湖在缙云山，轩辕炼丹鼎湖，遂驾火龙上升，其臣左辙攀龙髯，堕地化为草，俗名龙须草。今仙都有轩辕祠，唐李阳冰大篆“黄帝祠宇”四字。今碑在圣庙左廊。鼎湖下有丹穴、炼金溪，咸因此得名。

《艺文》：

仙都山祠……唐天宝中赐号仙都山祠。

玉虚宫……宋治平三年赐名玉虚宫。

第二节　黄帝文化的缙云建构

一、回到司马迁

如前所述，缙云是黄帝文化在中国南方的一个非常重要的身份识别，也是源远流长的浙江文化中最具辨识度的文化标识之一。缙云作为中国黄帝文化南方故里，是全国唯一一个以黄帝名号称名的县。对这个事情我们应如何去看？尤其我们是研究历史、研究先秦史的，该怎么去看黄帝和缙云的关系？

当然，研究这个问题，难免仁者见仁，智者见智。这种情况下，就需要历史文献和考古学材料的支撑。历史学家顾颉刚在《中国上古史研究讲义》一书中分析指出，司马迁当年对待包括黄帝在内的五帝问题的认识，是采取“二重证据法”，即“民间故事和书本（按，文献）记载——证明五帝虽不为儒者所称道、儒书所记录，依然不失其信实的价值”。顾先生的分析启示我们，在黄帝文化的认识上，有必要重新回到《史记》，回到司马迁。

我们注意到，太史公司马迁对黄帝文化研究采取的方法是：一方面，从文献的角度，“观《春秋》《国语》”，梳理“百家言黄帝”；另一方面，则是走出书斋，“西至空桐，北过涿鹿，东渐于海，南浮江淮”，亲力亲为地做了一番既问西东、又访南北的范围广阔的社会历史调查，真实记录下民间流传的黄帝故事和传说，正所谓“长老皆各往往称黄帝、尧、舜之处，风教固殊焉，总之不离古文者近是”。

清代著名学者金圣叹读到《史记》中司马迁的上述访古经历，感慨系之写下了：“此以自身亲历为断，言长老所称，知采其不背古文”；“所嫌诸书，但不深考，以今亲历验之，乃皆诚有”；“自尧以前，《尚书》虽缺，他说仍传。以上三段，乃从亲历中来”。

翻检《史记》，我们知道《五帝本纪》为本纪第一，而《黄帝纪》又置于《五帝本纪》开篇卷首。说明作为史家的司马迁确信中华民族历史上，是有黄帝这样一位象征文化智慧和力量的神人远祖存在的。司马迁通过《五帝本纪》，架构了一个以黄帝为文化祖源认同的伦理谱系。此后，史传文字将夏、商、周，包括荆楚、夷越，乃至匈奴、鲜卑皆人文化成黄帝之“苗裔”。《史记·匈奴列传》云：“匈奴，其先祖夏后氏之苗裔也。”而开创夏后氏一脉的鲧、禹即源于黄帝。建立北魏王朝的拓跋氏，《魏书·帝纪·序纪》论其源流亦谓：“昔黄帝有子二十五人，或内列诸华，或外分荒服。

昌意少子，受封北土，国有大鲜卑山，因以为号。其后，世为君长，统幽都之北，广漠之野，畜牧迁徙，射猎为业，淳朴为俗，简易为化，不为文字，刻木纪契而已，世事远近，人相传授，如史官之纪录焉。黄帝以土德王，北俗谓土为托，谓后为跋，故以为氏。”

历史学家徐中舒先生依据《史记》将黄帝世系勾画如下：

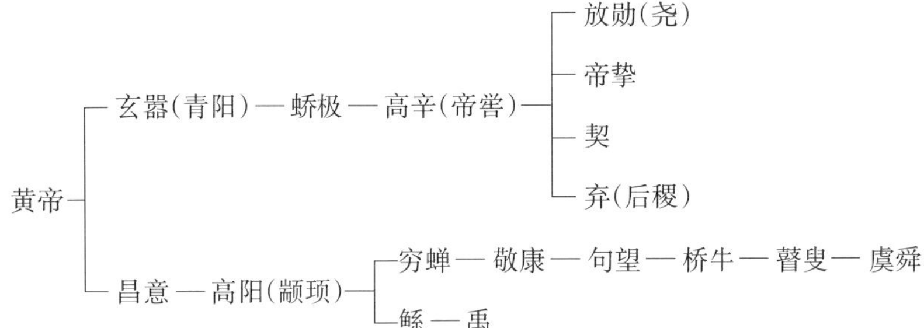

在徐中舒先生看来，“这个世系不是太史公捏造的，他根据的是‘古文’的资料《五帝德》和《帝系姓》两篇”。他在《先秦史十讲》中提及，这个“古文”，“是战国时代六国流传下来的资料，而这些资料保存了古代人民对于过去的酋长各据一方或互相代立的次第的，至于酋长与酋长之间是否有血缘关系那不是重要的。这些传说的次第，经过战国的史家们根据当时人民渴望国家统一的要求，从他们生活在私有制社会形成的父子世继的观念出发而整齐划一起来的”；“司马迁采用它，是因为司马迁以为这是合乎私有制父死子继的制度，是‘雅驯’的，是‘不离古文’的。所以他抛弃了汉代流传的对于黄帝的许多‘不雅驯’的传说，而著成了《五帝本纪》”。

二、逐流考迹

具体到缙云而言，应如何理解和认识黄帝与浙江、与缙云的关系？

我们知道，传说中的黄帝以及五帝时期，是中国由前国家时代的部族社会向国家形态迈进的一个重要时段，是中华文明进程的开篇时代，这在学术界不存在大的问题。以史志所见浙江缙云黄帝文化遗迹及其文化价值立题思考，是试图从一个侧翼或个案探讨文化的“乾坤大挪移”现象，表述得理论化一些，就是试图研究一种文化信仰如何通过一种方式从一个地方转移到另一个地方，进而实现了文化的旅行和传播。

窃以为，缙云黄帝文化的知识传播与旅行，所折射的信息恰是历史的第二重含义和第三重含义的叠加呈现。即第一历史是自在的历史，是已经发生的客观存在的历史，是历史实相的本体，但人们很难完全复原、客观再现和完全认识。一如《荀子·非相》中所说：“五帝之外无传人，非无贤人也，久故也；五帝之中无传政，非无善政也，久故也。”面对这种“久故也”的现实困顿，无疑需要第二历史出场以复盘，并经由一番由此及彼、由表及里的包括考古和文献的爬梳、整理、认识、解读、选择与阐释的知识发现与知识建构工作，构建起关于人类过去的叙事与解释体系，使之成为可表述的历史和系统的历史叙事。第三历史则是人们对历史的一种价值认识与判断。

从第一历史去看，黄帝研究或黄帝时代研究仍是一个迷雾重重、“同志仍需努力”的行行复行行过程。而从第二历史和第三历史出发，黄帝文化层累造成，根深叶茂。从文化的角度和意义来讲，缙云作为中华黄帝文化在南方的重要传播地和辐射地，无疑具有先天的文化品牌基因优势。

不少学者如先秦史家詹子庆先生等都注意到一个现象：浙江缙云黄帝文化的兴盛与发展与东汉以来道教的兴起，特别是东晋南朝和唐宋时期道教在南方的发展密切相关。这无疑对黄帝文化在浙江缙云的扎根立足起到了重要的助推作用。众所周知，道教在其发展过程中的一项重要建树，就是将上古时期传说中的民族远祖和英雄人物一揽子纳入其信仰体系。黄帝作为中华文明进程的开篇者和标志性人物，自然成为其宣扬超越生命局限、实现“羽化升仙”梦想的代表和典范，并为历代所尊奉。

据载，浙江缙云当地有一种草，名为缙云草，是群臣追随黄帝升天，攀龙髯而上，龙髯坠地而化生，亦名龙须草。龙须草的故事，在《史记·封禅书》中也有记载。文谓：“黄帝上骑，群臣后宫从上者七十余人，龙乃上去。余小臣不得上，乃悉持龙髯，龙髯拔，堕。”

众所周知，道教将神仙居住的地方称为洞天福地。道书有洞天三十六所之说，缙云仙都列居第二十九洞天，名为玄都祈仙洞。据光绪《缙云县志》，缙云山“山巅有石屋，世传为洞天之门”。南宋罗泌《路史》云：“今处州缙云郡，有缙云山，是为缙云堂，缙云氏之虚也……旧经图记皆以为黄帝之号。”另，《太平寰宇记》《初学记》《太平御览》等亦皆记录缙云有“缙云堂”，言之谓“黄帝炼丹处”。据说，人们还曾在缙云黄帝祠宇基址下面发现有晋代所凿的轩辕井。对此，詹子庆先生曾于《古史拾零》中指出，谁也不会相信那些都是真正的历史遗迹，而是历代名士根据黄帝传说产生出认同感，并把这种认同感附着在想象出来的历史遗物中。当然，那些遗迹的出现，与汉代以来流行的神仙术和黄老思想有关。赵世超先生进一步指出："道教分符箓派和炼丹派。符箓派重符咒、祈禳，为人解除痛苦，求得福泰。炼丹派则重修炼，其间又有内丹和外丹之分。内丹提倡通过静功和气功养护精、气、神，以达到长生的目的，外丹却相信用炉火烧炼药石，制成金丹，服用后才可延年益寿。完成于东汉顺、桓之际，由魏伯阳所著的《周易参同契》是最早的一部外丹经。参者，三也。该书的中心思想就是运用《周易》揭示的阴阳之道，参合黄老的自然之理，讲述炉火炼丹之事。这样，黄帝和炼丹也发生了联系。"

"非但如此，东晋炼丹派的主要代表人物葛洪，在《神仙传》一书中，居然活灵活现地记录了张道陵曾于嵩山石室中得到过《黄帝九鼎丹经》一事，又在《抱朴子·金丹》篇里续记道：会汉末大乱，左慈将此书与《太清丹经》《金液丹经》一起带到了江东，洪之从祖葛玄受之于左慈，洪之师郑隐又受之于葛玄，最后都落在了他自己的手上，别的道士'了无知者'。于是，葛洪就以唯一握有宝典的理论权威的身份宣称：'按《黄帝九鼎丹经》曰：黄帝服之，遂以升仙'，可见'虽呼吸道引''服草木之药'，只'可得延年，不免于死也'，必须'服神丹'，才能'令人寿无穷已，与天地相毕，乘云驾龙，上下太清'。他还批驳宣扬采阴补阳御女术的邪道之徒说：'俗人闻黄帝以千二百女升天，便谓黄帝单以此事致长生，而不知黄帝于荆山之下，鼎湖之上，飞九丹成，乃乘龙升天也。'因炼丹的主要工具是鼎炉，故炼丹派又称丹鼎派。丹、鼎二字乃其常用语。道教理论家通过对已有仙话的剪裁，把黄帝捧为炼丹术的发明者，把黄帝铸鼎升天的故事改造为服用金丹后才乘龙升天，显然是为了抬高本派的地位，但从此以后，道藏中的鼎湖一词却有了新的含义，它不再仅仅是铸鼎之处，而变成黄帝炼丹的场所了。”

东晋南朝时，笃奉道家之学，开中国文学史山水诗一派的谢灵运曾多次游历缙云山，从而将不为人知的缙云山水，用“风流自然”的语言文字呈现于世人面前。据宋乐史《太平寰宇记》卷九十九载：“谢灵运记云，凡此诸山多龙须草，以为攀龙而坠，化为此草。又有孤石从地特起，高三百丈以临水，绵连数千峰，或似羊角之状。”明缙云县令李时孚编纂的《仙都志》亦载：“仙都山，古名缙云山。”并记：“谢灵运《名山记》云：缙云山旁有孤石，屹然干云，高二百丈，三面临水，周围一百六十丈，顶有湖，生莲花……昔黄帝尝乘龙车登此山，辙迹犹存。”另，距缙云县治十里许，有景观曰“南岩”，一名“康乐岩”，因谢灵运曾受封南朝刘宋“康乐侯”而得名。明《仙都志》并载，谢灵运“每过缙（云），爱此奇绝，屡泊岩下”，常常是脚着自制的登山工具——“谢公屐”，“登山穷探仙都，数旬不返”。乡人感念谢公载记以传播缙云山水名胜的功德，立祠以祀，是为康乐祠（一称康乐庙）。

南朝之时，有“山中宰相”之誉的道教重要人物陶弘景，修道之名达于朝野，早年曾从道士孙游岳学习“符图经法”。据了解，孙游岳隐居仙都40余年。赵世超先生由此推断，陶弘景“拜会孙游岳的地点很可能也在缙云”。陶弘景一生之中曾遍历名山，寻仙访药，“闻仙都之胜，竟往游焉”。陶氏著有《水仙赋》，其中提及缙云黄帝信仰。文谓：“若夫层城瑶馆，缙云琼阁，黄帝所以觞百神也。”在与友人书信中，陶氏盛赞仙都风景：“山川之美，古今共谈。高峰入云，清流见底。两岸石壁，五色交辉。青林翠竹，四时俱备。晓雾将歇，猿鸟乱鸣；夕日欲流，沉鳞竞跃。实是欲界之仙都，自康乐（按，指谢灵运）以来未能有与其奇者。”在赵世超先

现存唐朝李阳冰“黄帝祠宇”残碑

生看来，“恐怕正是凭借此类人物的搬运之功和宗教的影响力，黄帝传说的发生地才由北而南，落户江左，而在中国方术文化中原本就被视为天梯的柱状石峰，也因顶上有湖，而被命名为鼎湖峰，并与黄帝铸鼎、炼丹、飞升挂了钩。中原既无法去，就近另造一套物化的崇拜对象，以资寄托和推崇，也不失为一种合乎情理的现实选择”。

入唐，缙云山名谓“仙都山”。玄宗天宝年间，黄帝祠宇（一名仙都山祠）兴建。据《图经》记载，天宝七年（748）六月八日，“彩云起于李溪源[①]，覆绕缙云山独峰之顶，云中仙乐响亮，鸾鹤

①按，李溪源发端之水旧名恶溪。明李时孚、李琇《仙都志》有记载：“唐李白游天台，过苍岭，爱其山水奇绝，改名好溪。而缙云一带之水通以好溪名。以仙都诸山之水为李溪源，由李白得名。”

“黄帝祠宇” 篆文复原

飞舞，俄闻山呼万岁者九，诸山皆应，自申至亥乃息。刺史苗奉倩上其事于朝”，敕改缙云山名为仙都山。自此，“仙都山周回三百里，禁樵采捕猎，建黄帝祠宇，岁度道士七人以奉香火”。唐肃宗乾元二年（759），著名书法家、时任缙云县令李阳冰亲撰“黄帝祠宇”四字篆文，碑额留存至今。李阳冰善小篆，有李斯后小篆第一人之誉，后人常以“书中虎”“笔虎”称之。唐舒元舆《玉筋篆志》赞之曰：“秦丞相李斯变苍颉籀文为玉筋篆……成一家法式，历两汉三国至隋氏，更八姓无出其右者……阳冰生皇唐开元天子时，不闻外奖，躬入篆室，独能隔一千年而与秦斯相见……且谓之其格峻，其力猛，其功备，光大于秦斯百倍矣。此直见上天以字宝瑞吾唐矣。”明代缙云学者李琈接续舒元舆之语，称颂李阳冰篆额“更瑞吾缙矣，而仙都为贮宝真库也”。

宋朝时，据元代文学家、“元诗四大家”之一的虞集在《仙都山新作玉虚宫碑》（一作《玉虚宫记》）中载，北宋真宗天禧年间，宋廷“连年敕修醮”于缙云黄帝祠宇。至宋英宗治平三年（1066），敕改[①]“黄帝祠宇”为“玉虚宫”。至宋徽宗宣和三年（1121）[②]，玉虚宫遭寇焚毁。

从南宋理宗开庆、景定年间起，在当地官员推动和参与下，先后有道士游大成、陈观定、赵嗣祺等援玉虚宫旧基再谋营造，迄元至顺二年（1331），历时70余年，玉虚宫始再造而成。

元代道士陈性定谈及黄帝与缙云、与道教的关联，有谓：

> 仙都山，古名缙云山。按道书洞天三十六所，其仙山第二十九名。玄都祈仙洞，周回三百里，黄帝驾火龙上升处。山巅有石屋，世传为洞天之门。其山隐名不一，而曰独峰山、步虚山、童子峰，山岩有隐真洞，山麓有水仙洞，东有金龙洞、天堂洞、双龙洞、忘归洞、初旸谷，西有伏虎岩、翔鸾峰、灵龟石，练溪之下有小蓬莱、仙释岩、天师岩、东蒙岩、玉甑岩、杨郎洞、仙岩洞、梯云洞、鼎湖丹井。

综上，通过梳理缙云县域有关黄帝传说的一些物化的文化遗迹，从缙云堂，到黄帝祠宇，再到玉虚宫，不难看出，作为文化信

①〔明〕李时孚等：《仙都志》卷五，《艺文》。按，黄帝祠宇赐名“玉虚宫”时间，一说是宋英宗治平二年（1065）。

②玉虚宫遭寇被毁时间，一说是宋徽宗宣和二年（1120）。

仰的一部分，缙云道教文化元素因着这里是传说中黄帝的仙升之地而日愈隆盛。

三、括苍莽莽，黄帝游仙

梳理缙云与黄帝文化的关联后可见，书传所录，黄帝或以缙云名官，或以缙云为氏。关于缙云之名，打开地图，不难发现除浙江外，山东和重庆也有名为“缙云”的地方。如山东之缙云，在今济宁“西南三十里，北瞰重湖，西联九十九峰，漕河绕其左，有登临之胜，一名晋阳山”。西周初年，缙云氏一支徙于缙云山，建立郜国[①]；重庆则有缙云山，为华蓥山支脉，位处重庆市北碚区嘉陵江温塘峡畔。据《大清一统志》记载，重庆缙云山“在巴县，西接璧山县界。《寰宇记》：山在巴县西一百三十七里。其山高耸，林木郁茂，下有泉水，东西分流。传云：黄帝于此山合神丹，故得此名以纪之”。一说重庆缙云山因南朝古刹缙云寺而得名。历史传承发展至今，人们发现以“缙云”为名号的三地，唯有浙江缙云一枝独秀，成为黄帝传说的嘉盛之地。

后人为什么舍弃山东济宁、重庆北碚而给黄帝选择了浙江缙云作为他的另一个落脚点呢？据先秦史家张广志先生分析：“古人自有他的考虑。常理，要给老祖宗在南方找个窝，似须考虑两个条件或曰因素。一是须山明水秀，环境好。因为，作为后世子孙，谁不想给自己的老祖宗安排个好去处呢？缙云山水的秀丽自不待说，更重要的是这里还有个奇异的鼎湖峰，刚好能同仙化的黄帝炼丹飞升

①按，《春秋·庄公十一年》：“夏五月戊寅，公败宋师于郜。”杜预注：“郜，鲁地。”

的传说挂上钩，这是其一。其二，须远近适中。既不能选在太热闹的大都会，因为太热闹了不利于把黄帝仙化、神化，又不宜太鄙远，如安排在塞外、云贵高原等过于荒僻的地区，那样黄帝又会太游离于人群了。而缙云就恰恰是这样一个风光秀丽、奇峰独具、远近适中的好地方。”宋代藏书家叶梦得游历缙云仙都由衷赞叹：此地“山水奇秀见之图画，殆不可名状”。这或许可以从地理环境的视角解释黄帝传说何以流传于江南，流传于浙江。

莽莽括苍山，孤峰山水间。翻检史籍，晋郭璞《山海经》注提到缙云三天子都[①]，“黄帝曾游此”。晋崔豹《古今注》、宋乐史《太平寰宇记》亦保存有魏晋南朝时期关于黄帝到浙江缙云山、黄帝乘龙上天的传说。兹撮录如下：

> 黄帝炼丹于凿砚山，乃得仙，乘龙上天，群臣援龙须，须坠而生草，曰龙须……龙须草，一名缙云草。
>
> ——《古今注》
>
> 缙云山……谢灵运记云：凡此诸山多龙须草，以为攀龙而坠化为此草，又有孤石从地特起，高三百丈以临水，绵连数千峰，或似羊角之状。
>
> ——《太平寰宇记》卷九九

缙云之名渊源有自。根据史传资料，缙云建县于武周时期，县既名缙云，则与“缙云氏”——黄帝自然关系甚大。《史记》称黄

---

①按，《山海经·海内南经》有“三天子鄣山”，晋郭璞注“即三天子都也。”

帝“官名皆以云命”，如春官为青云，夏官为缙云，秋官为白云，冬官为黑云，中官为黄云。唐李吉甫《元和郡县志》卷二七载：“缙云县，万岁登封元年，分丽水县东北界，婺州永康县南界置，因山为名。缙云山，一名仙都，一曰缙云。黄帝炼丹于此。”清光绪《缙云县志》亦载，缙云县于“万岁登封元年，分丽水县东北界，婺州永康县南界置”，因境内有缙云山，故以缙云名。清光绪《缙云县志》并载，缙云山“（唐）天宝七载，有彩云仙乐之异，敕改今名（仙都山）”。迄宋，这种认识相沿不改。

宋祝穆《方舆胜览》卷九谓：

> 缙云山，在丽水县，旧传黄帝游仙之处。有孤石特起，高

缙云山

二百丈，峰数十，或如羊角，或如莲花。有龙须草，云是群臣攀龙髯所坠者。

徐凝题诗：

黄帝旌旗去不回，空余片石碧崔嵬，
有时风卷鼎湖浪，散作晴天雨点来。

仙都山，在缙云东三十里，谢灵运《名山记》：山傍有孤石屹然，高二百尺，三面临水，周围一百六十丈，山顶有湖，生莲花。《舆地志》云：即三仙子都。

宋李昉等《太平御览》卷四七记：

括苍县缙云山，黄帝游仙之处，有孤石特起，高二百丈，峰数十，或如羊角，或似莲花，谓之三天子都。有龙须草，云群臣攀龙髯所坠者。

凡此，皆说明浙江缙云黄帝文化确乎源远流长。

值得述记的是，黄帝缙云游仙之说，成为后世文人雅士颇为集中的一大咏题。上引所录徐凝题咏鼎湖诗，在历代诗人骚客题咏缙云仙都鼎湖诗作中，堪称最负盛名的一首，颇有一种“崔颢题诗在上头”的诗格意境。检校清雍正《浙江通志》，谈及徐诗即谓：“其缙云一诗后来无敢题者。”

上述鼎湖诗题咏之作，因所著录版本的不同，个别文字偶或有差，但所题咏内容、文辞基本一致，不存在两个或多个作品问题。唯诗作者，因版本著录不一，一时竟有两种说法传世：一说作者为唐代大诗人白居易，一说作者为唐代著名诗人徐凝。

寻检史籍，发现鼎湖诗作者是白居易这一说法，见载于元道士陈性定所著之《仙都志》。且持此说者，目今所及似为仅见。诗云：“黄帝旌幢去不回，片云孤石独崔嵬，有时风激鼎湖浪，散作晴天雨点来。”

至于鼎湖题诗作者，明确标明系徐凝所作，则分见于多种史籍文献。如《御定全唐诗》卷四七四（《题缙云山鼎池二首》）和《唐诗纪事》《方舆胜览》《诗话总龟》《梅溪后集》《记纂渊海》《万首唐人绝句》等，诗作内容仅个别文字有差别。如宋潘自牧《记纂渊海》与宋阮阅《诗话总龟》中作：“黄帝旌旗去不回，空遗片石碧崔嵬，有时风卷鼎湖浪，散作青天雨点来。”宋王十朋《梅溪后集》中作：“黄帝旌幢去不回，片云孤石独崔嵬，有时风击鼎湖浪，散作晴天雨点来。”宋洪迈《万首唐人绝句》、计敏夫《唐诗纪事》和祝穆《方舆胜览》中作：“黄帝旌旗去不回，空余片石碧崔嵬，有时风卷鼎湖浪，散作晴天雨点来。”

不唯如此，明缙云县令李时孚等撰作之《仙都志》亦明确指出《鼎湖》一诗作者为徐凝。检校明刊本，徐凝《鼎湖》诗谓：

黄帝旌幢去不回，片云孤石独崔嵬。
有时风激鼎湖浪，散作晴天雨点来。

另，清陶元藻辑《全浙诗话》，绍介徐凝，并引《容斋随笔》《唐遮言》《唐语林》《郡阁雅谈》等著作，笔墨析说白居易与徐凝的友情交往，以及白居易对徐凝诗才诗作的欣赏与赞评，其中所引《郡阁雅谈》载文提到徐凝诗作的特点与影响：“唐人徐凝多吟绝句……《题处州缙云山鼎湖》诗云：‘黄帝旌旗去不回，空携片石碧崔嵬。有时风卷鼎湖浪，散作青天雨点来。’”誉此“后无题者”。《浙江通志·人物·文苑》亦称徐凝“缙云一诗后来无敢题者”。按，徐凝诗作以绝句擅长，其传咏后世的绝句，尤以“天下三分明月夜，二分无赖是扬州”名播天下。

综此，宋代诸多名家学者引录唐人题咏鼎湖诗作，作者一栏均署之徐凝，且宋去唐未远，考虑缙云鼎湖诗在诗界和文化界的传播与影响等诸多要素，庶可定谳缙云仙都鼎湖诗作者为徐凝。

接下来需要探究的，是为何会出现元道士陈性定《仙都志》述录中，鼎湖诗作者一变而为白居易的因由。笔者分析，这或与白居易与徐凝的交往有关。上引清陶元藻辑《全浙诗话》考述白居易与徐凝交厚，两人之间多有诗文唱和，于是有了产生误会的可能。读书看书在古代并不是一件容易和便当的事情，古人购书、藏书实为艰辛，于是访书、问学、交游便成为古代文人学士不可或缺的一项重要文化活动。白居易与徐凝二人交游甚密，人们道听途说以记前朝诗文及其雅事，经过几个世纪的口耳相传，流传下来的信息难免会出现偏差，于是便有了诗文与作者不尽一致的情况发生。准之历史，此类张冠李戴之事并不少见。当然，元《仙都志》所持“白居易乐天”说，亦无妨备参。考索此诗坛故事，于吉光片羽之过隙，了解唐诗之路画卷因着黄帝文化元素在浙江山川大地的云卷云舒，此亦研究之乐事。此外，徐凝缙云鼎湖诗作，计有两首，除却前文所述，外一首为：

天地茫茫成古今，仙都凡有几人寻。
到来唯见山高下，只是不知湖浅深。

四、黄帝旌旗，禘礼以祭

中华文明进程中的一个重要现象是：汉代以前，各地多祖庙——宗祠，少有神庙。这倒不是因为此前的中国人缺乏宗教意识或者缺乏浪漫、丰富的文化想象，这种现象的出现，与产生中国文化的土壤与环境密切相关，即农耕经济和家族本位，这使得中国古代文明呈现出一种绵延不绝的发展特点，其中历史与语言文字的连续性，造就了中国人浓厚的历史意识。不夸大地说：

中国人的信仰，正是建基在自己的历史和文化之中！

再说得直白些，中国人的精神信仰乃是对自己民族历史与文化的尊崇与信仰。也因此在中国的文化传统中，史话重于神话。于是一部中国文化史，史话故事不绝如缕。大凡一切文化创造，乃至发明发现皆归之于圣贤之手，出自圣贤人物。而这些圣贤人物，毫无例外的又都是各个部族的祖先与文明开化的开山者，因此对圣贤的崇拜，自然也是对祖先的崇拜，也因此，祭祀成为中华文化中的“国之大事”。诚如《左传》所云：“国之大事，在祀与戎。”《国语》亦云：“夫祀，国之大节也。”此之谓也。

放宽历史的视界，从全国范围看，对黄帝的祭祀，最早见于《尚书》所载“有虞氏禘黄帝”；《国语·鲁语上》有记载虞、夏、商、周四代祭祀，其中清楚地记载了虞、夏两代对黄帝的禘礼之祭：“有虞氏禘黄帝而祖颛顼”，“夏后氏禘黄帝而祖颛顼”；而后是《礼记·祭法》所记“夏后氏亦禘黄帝”；《竹书纪年》（卷上）亦载，黄帝在位100年之后逝世，“群臣有左彻者，感思帝德，取衣冠几杖而庙飨之，诸侯大夫岁时朝焉”；《史记·封禅书》记载战国初秦灵公“祭黄帝”；及至战国中期齐威王作陈侯因資镦，铭文明确提到“高祖黄帝”，王晖先生认为，齐威王作为诸侯盟主，“以有虞氏之后的身份‘禘所自出’之帝黄帝，且称其为‘高祖黄帝’，是合乎周代祭礼规定的”。此后，历汉、唐、宋、元、明、清的皇朝庙祭，黄帝祭祀活动遂成为一项定制。

关于禘礼，《尔雅·释天》“星名”疏云：“禘，大祭也。”《礼记·大传》谓：“礼，不王不禘。王者禘其祖之所自出，以其祖配之。”孙希旦《礼记集解》引赵匡曰：“不王不禘，明诸侯不得有也。所自出，谓所系之帝。禘者，帝王既立始祖之庙，犹谓未尽其追远尊先之意，故又推寻始祖所自出之帝而追祀之。以其祖配之者，谓于始祖庙祭之，以始祖配祭也。”由此可见，禘礼是中国古代祭祀的最高礼仪。

在缙云山，东晋时期即建有缙云堂。当其时，山水诗人谢灵运《游名山志》记载，时属永嘉郡的缙云之地有“缙云堂”。《太平寰宇记·处州》记载：缙云山“有缙云堂，即三天子都也”。清雍正《浙江通志·处州府》亦载：“缙云山有缙云堂。”由此可知，缙云山缙云堂是目今所及见之于史的、江南人民祭祀轩辕黄帝最早的祭祀地。据了解，现在缙云轩辕殿旁的史迹展览馆内，有保存完好的古井一眼，系1995年重建黄帝祠宇时所发现。经考古专家考证，该古井为晋代缙云堂取用生活用水处。

就缙云而言，明确史有载记的官方祭黄活动，目今考见所及之史料，可以确定是在唐玄宗时期。需予以说明的是，有唐一代，唐玄宗李隆基在位时期，堪称黄帝文化建设的高光时刻。位处安徽的黟山，就是在此时期（按，天宝六年，即747年）更名为黄山——黄帝之山。也是在唐玄宗时期，敕改浙江缙云山为仙都山，缙云之缙云堂改建为黄帝祠宇。其中，兴建黄帝祠宇乃缘于唐廷颁布的

《天宝七载册尊号赦》，文谓：

> 上古之君存诸号氏，虽事先书契而道著，皇王缅怀厥初（功），宁忘咸秩。其三皇以前帝王，宜于京城共置一庙，仍与三皇五帝庙相近，以时致祭。自古受统之主，创业之君，皆经济艰难，戡定祸乱，虽道谢于往古，乃功施于生人，用率典章，亦崇禋祀，其历代帝王发迹之处，未有祠宇者，宜令所由郡县，置一庙以时享祭。仍取当时将相德业可称者二人配祭，仍并以图画立像。如先有祠宇，未沾享祭者亦宜准此式。

此外，《图经》亦载，天宝七年（748），唐廷敕改缙云山名为仙都山。元陈性定《仙都志》记载，唐天宝年间，“仙都山周回三百里，禁樵采捕猎，建黄帝祠宇”。而缙云县令李阳冰手书“黄帝祠宇”四字篆文的碑额，现保存于浙江省缙云县博物馆。

从历史的长时段去看，唐玄宗《天宝七载册尊号赦》的颁布和黄帝祠宇的兴建，无疑是一个标识，即标志着缙云作为中国古代南方祭黄中心的确立。从整体上看，“北陵南祠”之历史格局就此底定。此后，南方道、州、县等地方官员，以及途经于此的朝廷命官，皆将缙云视为祭祀黄帝之所。兹胪列《仙都山铭》（部分）以飨读者。

唐殿中侍御史韦翃曾到缙云祭黄，并作《仙都山铭》：

> 亭亭仙都，峻极维嵩。屹立溟右，削成浙东。
> 发地直方，摩霄穹崇。灵沼在上，祥云积中。
> 珪植千仞，柱宁四封，目视不及，翰飞靡穷。

群阜奔走，列仙会同。轩后攸访，碧岭是冲。
丹穴傍起，金溪下融。日照霞附，月映绡蒙。
壤绝栖尘，木无寓丛。居幽不昧，守一而雄。
万寿报响，九成来空。嘉名来复，展礼斯洪。
箓作慝止，年祈感通。莫高匪兹，造物之功。

唐德宗建中二年（781），李季贞自节度判官除括州刺史，在缙云祭黄，作《仙都山铭》：

玄混播形，厚载孕灵。雄冠群山，孤高亭亭。
挺立参天，氤氲青冥。岚凝丹穴，霞驳云屏。
上摩九霄，旁碍五星。龙髯莫睹，凤管时听。
降自武穆，求之靡宁。徒闻荒政，曾不延龄。
物有殊异，昔人乃铭。爰勒斯文，缙云之垧。

唐文宗开成二年（837），淮南节度使张鹭到缙云祭黄，作《仙都山铭》：

仙都有山，山出万山。直上千寻，入烟霞深。
圆如笋抽，高突云阴。标表下国，权舆上（象）帝。
日欤月欤，万有千岁。东西大镇，川泽四卫。
造化无言，莫如住（往）制。晴岚依依，宿雾洞开。
仿佛有像，神仙下来。灏气氤氲，灵鸟环迴。
永殊尘杂，不鼓纤埃。绝顶霄崿，澄湖在上。
人罕戾止，孰窥其状。日烛云披，风飘液飞。

如雨雨空，微洒零（沾）衣。谷来松音，潭影曙晖。
往往鹤唳，不知所归。唐垂百年，元宗体元。
响应万岁，声闻上天。帝祚明德，祠堂在焉。
永怀轩后，功成此地。丹灶犹存，龙升万里。
事列方志，道高青史。无复仙容，空流溪水。
百越之内，此山为大。恍若壶中，疑生象外。
直而不倚，高而不殆。古往今来，独立沧海。[①]

及宋，据郑樵《通志》，缙云黄帝祠宇仍存。宋真宗大中祥符六年（1013），宋廷“诏诸州有黄帝祠庙并加崇葺”。翌年，敕令禁止在文字中直接指明黄帝名号。天禧四年（1020），宋真宗派专人到缙云黄帝祠宇祭祀轩辕黄帝，并投放“金龙玉简”于金龙洞以禳灾祈福。1997年，当地孩童在金龙洞附近玩耍时无意于洞中发现了金龙，经浙江省文物考古研究所专家鉴定，确定此乃宋代之物，现庋藏于缙云县博物馆。时至2022年，缙云县博物馆再传佳讯，金龙再出。

金龙

①按，据明李时孚编、李琠采录:《仙都志》卷五，并参照故宫博物院图书馆藏清嘉庆十九年（1814）内府刻本《全唐文》卷七百十六订定。

据介绍，这次出土的金龙长3.3厘米，由黄金制成，采用锤揲法，在薄的金片的背面錾刻出龙形。正面隆起，边缘进行剪切并装饰一圈连珠纹，头、身、尾、须、眼、爪都十分清晰，龙嘴张开，龙爪前伸。宋仁宗宝元二年（1039）六月，两浙转运副使叶清臣巡视浙南，途经缙云，代表仁宗皇帝专程到黄帝祠宇致祭，歌咏三皇五帝，勒铭以纪。文谓：

黄帝车辙马迹周遍万国，丹成云起，因瑞名山。则独峰之登，固宜有是。会将漕二浙，行部括苍，道由仙都，亲访灵迹，慨然感秦汉之不自度也。驻马溪上，勒铭山阴：

于黄显思，道崇帝先。
隆三迈五，功丰德全。
脱屣厌世，乘云上仙。
跨彼飞龙，格于皇天。
虐秦侈汉，鏖兵事边。
流痛刻下，弱祚穷年。
昭是古训，铭于岩巅。
宜尔灵山，孤峰岿然。

两宋之际，著名藏书家王铚到缙云祭拜黄帝，并撰《缙云县仙都山黄帝祠宇》，诗谓：

我渡溪水寻花村，群峰势若万马奔。
酣酣春色雪初霁，霭霭野气山犹昏。
琼楼金阙涤地尽，松柏半带斤斧痕。

要还清净扫尘俗，一炬劫火安得焚。

行人鞠躬下马拜，仙都妙理吾能言。

威神可畏凛如在，有台今亦祠轩辕。

当年垂衣正南面，制作取尽乾与坤。

凿开鸿荒肇人纪，首为区宇立本根。

风后力牧来联续（翩），神机开辟施无垠。

初传闻道广成子，后乃密契中皇君。

功高德大不可拟，几与造物分遗恩。

遥遥唐虞建炎运，万年天子兼神孙。

至人御世用常道，飞升轻举安足论。

爰作一气生万物，奈何已把天人分。

伏羲八卦画已破，女娲欲补理亦繁。

飘然独返清（紫）虚（清）去，却敛造化归浑（全）全（浑）。

庙前（中）独（仙）石表今古，屹立霄壤争推尊。

鼎湖可望不可见，意令后世难攀援。

顶中玄宫号泥丸，自然有路朝天阍。

此身内外神气合，俯仰自造生死门。

黙运四时无诡异，试观日月谁吐吞。

祇今湖边送风雨，草木吹动旗与幡。

飘落十丈红菡萏，碧溪下插玻璃盆。

马蹄车辙不须有，虽迷襄野道自存。

嵓泉夜发百谷响，洞庭乐声犹可闻。

山川古色藏妙意，谁与开涤明根源。

我谈希夷返淳朴，不假辩说波涛翻。[①]

元代学者虞集《道园学古录》和清雍正《浙江通志》记载，北宋英宗治平三年（1066），宋廷下诏，敕改黄帝祠宇为玉虚宫。由此，玉虚宫成为道教弘法和礼祭轩辕黄帝之所。此后，玉虚宫“连年敕修”。藏书家叶梦得游历缙云，撰《仙都观记》，曾看到“唐李阳冰为令时，书‘黄帝祠宇’四大字尚存。”宋徽宗宣和二年（1120），方腊起义军战火波及缙云，信奉摩尼教的起义军将玉虚宫大部分焚毁。

南宋高宗绍兴五年（1135），南方遭逢连年旱灾，宋高宗派员赴缙云仙都黄帝祠宇旧地祭扫轩辕黄帝，祈天求雨。至宋孝宗时期，时任参知政事的楼钥曾于乾道五年（1169）十月赴缙云仙都祭拜黄帝，据其《北行日录》载：

二十日……渡溪，入仙都玉虚宫路。回顾南岸，石笋森列，有亭翼然。仆夫曰：此初旸谷也。中有石鼓，扣之有声，以既济，不复往。路转山回，已见独峰，大松夹立，清溪映带，眇视林间，有巨石屹据如雪，且行且观，遇道童，问石之名……是真使人忘归也。下行里许，益近独峰，峰之上相传有鼎湖，尝有巨莲叶因风而下，石壁隐隐有车辙，世言黄帝由此飞升。塘曰：黄履，言遗履之地。地曰：静乐，言钧天至此而不闻……是知此峰真众山之宗，非凡目所可窥测也。后山有石

①按，王铚《黄帝祠宇》诗作，分见于明李时孚编、李琬采录《仙都志》卷五，以及宋陈思编、元陈世隆补《两宋名贤小集》卷一百八十七。此据上述两版本订补，括号内文字系出自《两宋名贤小集》。

空洞，跻攀而上，一窦通明，昔刘先生于窦之外，横木为床以居，至今遗箦犹在，号隐真洞……宫前有门，书：祈仙总真洞天。是日行四十五里。二十一日癸卯，晴……谒“黄帝祠宇”李阳冰篆额，今留县庠。

面对北宋末年毁于兵燹的宫观，道士游大成发愿聚资，“即旧基再谋营造”，并改玉虚宫坐向为东坐西向。至宋理宗开庆元年（1259）郡守刘安“相阴阳，更定面势，命道士陈观定改作”，玉虚宫坐向一变而为西坐东向。

入元，仁宗延祐元年（1314），曾“学仙武夷山数年”的道士赵嗣祺“奉圣旨主领宫事”；延祐三年，赵氏受元廷“铜印”，官职视同“五品”；延祐五年，“受宣命住持，兼领本路宫观，嗣（按，意为继任）汉三十九代天师及玄教大宗师”。至此，昔日唐之黄帝祠宇——宋元之玉虚宫迎来了其发展的另一个高峰期。

据了解，2003年，在缙云黄帝祠宇二期工程施工现场，挖掘出大量的柱础、瓦片。发现有不同年代的多层建筑地层结构，其中有一层是保存完好的排水系统——曲直明渠堰沟、地下暗沟，50平方米左右的厨房式地面，到处散落着炭灰、破碎的瓦罐。施工现场靠南边的正间，还有一只800斤左右的石质香炉和200斤左右上刻有“天下太平”的石墩，可以肯定这是祭祀所留遗物。在修建缙云山索道站的池塘时，挖掘出20米左右的木质空心水管，内径20厘米，经碳-14检测，该木质空心水管所属年代大致为公元850—900年，时间跨度历唐末、五代、宋初。凡此，皆表明黄帝祠宇之存在和黄帝祭祀的悠久历史。

至明，黄帝祠宇仍在。明嘉靖年间，时任福建巡按御史的缙云人樊献科写有《过玉虚宫》一诗，诗谓："黄帝祠前草自春，妙庭清罄鸟空闻。丹崖树色孤峰出，绝顶湖光一涧分。拂石晓飞龙洞雨，登楼寒拥玉台云。步虚只在花阴外，落日闲看麋鹿群。"另，唐李阳冰"黄帝祠宇"篆额碑，此时业已保存于缙云学宫。据缙云当地学者项一中先生的研究，明万历年间，时任浙江巡抚常居敬曾率藩台、臬台等官员专程到仙都祭拜黄帝，并遗墨"鼎湖胜迹"传世。

迄清，据乾隆《缙云县志》记载，传说中为黄帝炼丹处的缙云台已成废址，祭祀黄帝的所在——黄帝宫（祠）尚存。光绪年间，缙云台废址未得恢复，黄帝祠址犹在，但整体已呈断壁残垣，至清末民初湮没不存，无迹可寻。

综上，从始自东晋的民间祭黄，至盛唐时段开启官方祭黄，追溯缙云祭祀黄帝的流变历程，可以看出，历宋元明清以及民国，缙云之黄帝祭祀，可谓有兴有衰，时续时断。

新中国成立后，特别是改革开放新时期，缙云县与浙江省历史学会合作开启黄帝文化研究之旅。

1998年10月，随着新建的黄帝祠宇正式落成，浙江省缙云县人民政府举行了首次公祭轩辕黄帝典礼。此次祭典，采用古代最高祭礼——禘礼之规格。确定仪程9项：

1. 击鼓撞钟
2. 主陪祭人盥手就位
3. 奏乐
4. 敬献花篮
5. 敬献三牲五谷与山珍果品鲜花

6. 敬献美酒

7. 恭读祭文与领导致辞

8. 行鞠躬礼

9. 敬献祭祀舞

祭典期间，缙云县与陕西省黄陵县正式结成为友好县。从此，黄陵、缙云两县携手合作，共同推进“北陵南祠”黄帝文化的跨越发展。

2000年10月，缙云县人民政府举行“庚辰年（2000）中国仙都公祭轩辕黄帝典礼”，并首度与国家一级学会中国先秦史学会合作，举办全国首届黄帝文化学术研讨会。自此，学术研究与文化传播成为缙云祭黄活动的显著特征和文化亮点。针对缙云县级祭祀黄帝典礼和陕西黄陵省级公祭黄帝典礼与“北陵南祠”格局颇不相符的情况，与会专家学者一致认为，缙云作为中国南方祭黄中心所在，祭祀中华民族始祖轩辕黄帝典礼规格应该提升至省级祭祀，并就此提出专家倡议，这一倡议得到有关部门的充分肯定。

2006年，缙云公祭黄帝典礼规格升格为市祭，由丽水市人民政府主办，中共缙云县委、县人民政府承办，并确立了逢“3、6、9”为大祭之年的决定。是年，黄帝祠宇修葺一新，所有大殿、亭阁、回廊的匾额和楹联全部制作安装完毕。随着祭典升格，典礼规模也随之扩大，文化内涵也不断丰富。同时，典礼仪程亦有所更改。即设主祭团，不单设陪祭人（主祭团外的参祭者均为陪祭），增加“敬上高香”项目。同年10月，举行了隆重的“丙戌年（2006）中国仙都公祭轩辕黄帝大典”。本次大典尤以祭祀乐舞“巨龙飞天”为最大看点和亮点。

2009年重阳节，举行了“己丑（2009）年中国仙都公祭轩辕黄帝大典”，浙江卫视和国内数家网络媒体现场直播。当日，中央电视台《新闻联播》以《华夏儿女祭拜中华“人文始祖”轩辕黄帝》为题，对浙江缙云仙都公祭轩辕黄帝大典的情况进行报道，其中特别提及：“来自海内外的数万名华夏儿女分别在陕西黄陵和浙江缙云祭拜中华‘人文始祖’轩辕黄帝。”2011年5月，“缙云黄帝祭典”被国务院公布为第三批国家非物质文化遗产。

2020年9月，中国仙都祭祀轩辕黄帝大典规格提升专家论证会在美丽的杭州西子湖畔西湖山庄举行，来自中国社会科学院、清华大学、四川大学、山东大学、中央民族大学、天津师范大学、华南师范大学、浙江工商大学、湖州师范学院、河南省社会科学院的国内先秦史领域著名专家学者出席论证会。与会专家表示：非常赞成和支持缙云祭祀黄帝规格提升为省祭。缙云黄帝文化还有很多资源

中国仙都祭祀轩辕黄帝大典规格提升专家论证会

可以挖掘：第一，缙云拥有非常深厚的黄帝文化的历史。先秦文献《左传》就有缙云氏的提法，提到“昔者黄帝氏以云纪，故为云师而云名”，这就是缙云这个范畴的来源。黄帝以云纪事，分官设职和立法都是以云作为神圣的标志，这是缙云氏非常重要的历史文化来源，可以向前延伸到先秦；第二，要从文化史的角度来论证。司马迁在《史记》提到自己到南方地区，“游江淮，上会稽，探禹穴”。司马迁的特点是读万卷书，行万里路，亲自考察这个地方的黄帝传说，最后得出的结论就是虽然各地风俗不一样，但是黄帝文化的传说是一样的，这可以和文献《春秋》《国语》《左传》相佐证。经济社会发展是需要资源来支撑的，文化资源越用越精彩、越丰富，生生不息，提升缙云祭祀轩辕黄帝大典规格是非常有意义的；第三，将“三地共祭”改成“三足鼎立”。黄帝是五帝之首，是我们中华文明的象征，是中华民族团结统一的象征。既然缙云先秦以来就有黄帝文化，那么提升和形成省级以上的祭祀既合乎逻辑，也合乎实际，这是我们国家统一、民族团结的需要，也是一个非常重要的文化载体。我们明确提出缙云、黄陵、新郑三足鼎立，这样的提法更能够彰显缙云这个地方的重要性，而且这个重要性是客观存在的。会议认为，缙云氏是黄帝文化在江南的一个十分重要的身份识别。仙都鼎湖峰是海内外炎黄儿女祭祀黄帝的又一重要圣地，是源远流长的浙江文化的一个代表性品牌。浙江缙云仙都祭祀轩辕黄帝大典在历史渊源的挖掘、主要活动、文化特征、传承保护、社会影响五个方面完全具备了升格为省级祭典的基础与条件。

在中国先秦史学会的大力推助下，缙云黄帝文化的发掘和研究，始终坚持以科学的精神进行学术探讨和文化研究，双方先后举办了六届全国规模的黄帝文化学术研讨会，极大地增强和凸显了缙云作为中国南方黄帝文化传承地的唯一性和不可替代性，成为浙江在江南“源文化”上一个无出其右的靓丽文化地标。

多年心血，玉汝于成。2021年7月，缙云仙都景区获批成为“海峡两岸交流基地”。同月，全国清理和规范庆典研讨会论坛活动工作领导小组批复浙江省人民政府《关于同意中国仙都祭祀轩辕黄帝大典变更主办单位的通知》（国清组函〔2021〕73号），同意将中国仙都祭祀轩辕黄帝大典主办单位变更为浙江省人民政府。

2021年10月14日，农历重阳节，由浙江省人民政府主办的“辛丑（2021）年中国仙都祭祀轩辕黄帝大典”隆重举行。海内外中华儿女会聚浙江缙云仙都峰下，致祭于中华民族人文初祖轩辕黄帝祠宇。此次浙江省黄帝祭典，仪程共9项：

辛丑（2021）年中国仙都祭祀轩辕黄帝大典

大典第一项：长号鸣天

大典第二项：击鼓撞钟

大典第三项：敬上高香

大典第四项：敬献花篮

大典第五项：敬献美酒

大典第六项：恭读祭文

大典第七项：行鞠躬礼

大典第八项：高唱颂歌

大典第九项：乐舞告祭

中央电视台中文国际频道对本次祭典进行现场直播与专家点评，产生了广泛而良好的社会反响，向世界展示了浙江中国南方黄帝文化的独特魅力。至此，陕西黄陵、河南新郑和浙江缙云三地共祭轩辕黄帝、礼敬中华民族人文初祖的全国祭黄祀典格局正式形成。

祭典相关新闻报道

通过对缙云祭黄的历程，进行一番历史学、文献学与考古学的梳理，不难发现，一部缙云黄帝文化史，充分说明了黄帝文化的连续性、创新性和包容性，并在历史岁月的淬炼与选择中，层累造成了自己独特的祭典文化——南祠祭黄。缙云仙都由此亦成为具有鲜明浙江文化印记的中华优秀传统文化地标，成为凝聚海内外中华儿女的又一精神家园和文化圣地，为打造新时代浙江重要窗口和文化浙江建设增添了浓墨重彩的一笔。

第二章

肇造华邦

——“自强不息、厚德载物”的黄帝文化

黑格尔曾说：“密纳发的猫头鹰要等黄昏到来，才会起飞。”意思是说，对一个历史现象或事物的认识，需要等到这一过程结束之后才能看得清楚些。对黄帝文化的认识与考察也是如此。

第一节　黄帝名号的由来

一、“黄帝氏以云纪”

对黄帝文化进行历史考察，某种程度上是对民族文化精神之源的找寻或是对凝聚民族文化象征的社会记忆的集体寻觅，按哈拉尔德·韦尔策的说法，是“一种朝着历史意识的中间领域的活动”。人类个体与群体回忆过去的互动实践，从贴近活着的经验和日常生活到超验于日常生活，文化记忆所具有的层累的构成、重构性和认同具体性[①]特点，在史籍文献所载的黄帝叙事中表现得十分明显。其中黄帝与缙云氏的关系，伴随人们

黄帝像

①认同具体性指的是文化体系及其储存的知识对一个大我群体的集体认同的根本意义。（哈拉尔德·韦尔策：《社会记忆（代序）》，载《社会记忆：历史、回忆、传承》，北京大学出版社2007年版，第5页。）

认识和记忆的重构与叠加，可谓剪不断理还乱。兹胪列相关记载如下：

昭子问焉，曰："少皞氏鸟名官，何故也?"郯子曰："吾祖也，我知之。昔者黄帝氏以云纪，故为云师而云名。炎帝氏以火纪，故为火师而火名。共工氏以水纪，故为水师而水名。大皞氏以龙纪，故为龙师而龙名。我高祖少皞挚之立也，凤鸟适至，故纪于鸟，为鸟师而鸟名……自颛顼以来，不能纪远，乃纪于近，为民师而命以民事，则不能故也。"

——《左传·昭公十七年》

杜注：缙云，黄帝时官名。孔疏：缙云，黄帝时官名。《字书》：缙，赤绘也。服虔云：夏官为缙云氏。

——《左传·文公十八年》

黄帝轩辕氏……二十年，景云见，以云纪官。有景云之瑞，赤方气与青方气相连，赤方中有两星，青方中有一星，凡三星，皆黄色，以天清明时见于摄提，名曰景星。帝黄服斋于宫中，坐于玄扈、洛水之上。有凤凰集，不食生虫，不履生草，或止帝之东园，或巢于阿阁，或鸣于庭，其雄自歌，其雌自舞。麒麟在囿，神鸟来仪。有大蝼如羊，大螾如虹。

——《竹书纪年》卷上

黄帝有熊国君，乃少典国君之次子，号曰有熊氏，又曰缙云氏，又曰帝鸿氏，亦曰帝轩氏。母曰附宝，之祁野，见大电绕北斗枢星，感而怀孕，二十四月而生黄帝于寿丘……生日角龙颜，有景云之瑞，以土德王，故曰黄帝。

——《史记·五帝本纪》之《正义》

应劭曰：黄帝受命，有云瑞，故以云纪事也。春官为青云，夏官为缙云，秋官为白云，冬官为黑云，中官为黄云。张晏曰：黄帝有景云之应，因以名师与官。

——《史记·五帝本纪》之《集解》

或云帝（黄帝）炼金丹，有缙云之瑞，自号缙云氏。

——《云笈七签》卷一百《纪传部·纪一》

贾逵曰：缙云氏，姜姓也，炎帝之苗裔，当黄帝时任缙云之官也。

——《史记·五帝本纪》之《集解》

黄帝轩辕氏，姬姓之祖也，黄帝受命有云瑞，故以云纪事，百官师长皆以云为名，号缙云氏，其一官也。

——《册府元龟》卷七百八十

上述史传说法，虽或有不同，但缙云氏与黄帝的关联性，确乎源远流长。一如张广志先生所论：几种说法，“不管是指黄帝本人，还是指黄帝属下为官之黄帝族的某一支，抑或姜姓炎帝族后人之在黄帝手下为缙云之官者，反正都同黄帝脱不开干系就是了。后来，大约是黄帝的业绩、名声最大，‘缙云’或‘缙云氏’即黄帝一说便占了上风”。

二、“轩辕德优，以黄为号”

如前所述，黄帝氏以云纪，故黄帝有缙云氏之谓。但黄帝何以名黄，就不是三言两语可以说清道明的了，还得回到文献典籍。在战国诸子以来人们的认识中，黄帝被视作中央之帝，以土德王天下。《竹书纪年》（卷上）即载：“黄帝轩辕氏……（二十年）帝以土气胜，遂以土德王……一百年，地裂，帝陟。帝王之崩皆曰陟。《书》称‘新陟王’，谓新崩也。帝以土德王，应地裂而陟葬。”司马迁《史记·五帝本纪》亦谓：黄帝“有土德之瑞，故号黄帝”。汉许慎《说文》云：“黄，地之色也，从田光声。”汉王充《论衡·验符篇》载：“土色黄，汉土德也。”并谓：“黄为土色，位在中央，故轩辕德优，以黄为号。”明张岱《夜航船》也讲道：“黄帝配土，以土德王天下，色尚黄。”这种黄帝土德说其理论来源概出于战国齐人邹衍所创的五德终始说，旨在用《周易》阴阳之学架构社会政治文化生态的平衡，用《洪范》五行思想丰富《周易》变易思想的内涵，从而为社会变迁与重构提供理论层面的阐释与说明。

观《管子·五行》，文谓：

> 昔者黄帝得蚩尤而明于天道，得大常而察于地利，得奢龙而辩于东方，得祝融而辩于南方，得大封而辩于西方，得后土而辩于北方。黄帝得六相而天地治，神明至。蚩尤明乎天道，故使为当时。大常察乎地利，故使为廪者。奢龙辩乎东方，故使为土师。祝融辩乎南方，故使为司徒。大封辩于西方，故使为司马。后土辩乎北方，故使为李。是故春者土师也，夏者司徒也，秋者司马也，冬者李也。昔黄帝以其缓急作立五声，以政五钟。令其五钟：一曰青钟，大音。二曰赤钟，重心。三曰黄钟，洒光。四曰景钟，昧其明，五曰黑钟，隐其常。五声既调，然后作立五行，以正天时，五官以正人位。人与天调，然后天地之美生。

相类的说法亦见于《吕氏春秋》，其中《序意》《应同》《遇合》

《去私》《圜道》《审时》六篇，据王范之先生统计，“称引黄帝曰云云凡六见”。如《吕氏春秋·应同》载：“黄帝曰：‘土气胜’，故其色尚黄，其事则土。”检校《吕氏春秋》之“四纪”，其中有孟春、仲春、季春之月，“其日甲乙，其帝太皞，其神句芒”；孟夏、仲夏、季夏之月，“其日丙丁，其帝炎帝，其神祝融”；季夏纪，“中央土，其日戊己，其帝黄帝，其神后土”；孟秋、仲秋、季秋之月，“其日庚辛，其帝少皞，其神蓐收”；孟冬、仲冬、季冬之月，“其日壬癸，其帝颛顼，其神玄冥”等的记载，可以看出，在《管子》和《吕氏春秋》中，确乎存在黄帝与五行、四方、四季的关联相配，尽管这种五行的铺排不免粗疏，但黄帝之为“黄”，出自金木水火土五行之“土”色，自是确定无疑。考《吕氏春秋》，一定程度上深化了对五行之理的认识，而《淮南子》则将五行之相生相克理论发展到新的高度，进一步完善了两仪、阴阳、四象、八卦的形式，将二十四节气完整化，并把五行理论用于黄帝土德的论证，如《淮南子·天文训》谓：“东方，木也，其帝太皞，其佐句芒，执规而治春……南方，火也，其帝炎帝，其佐朱明（按，祝融，《开元占经》引许慎《淮南子·天文间诂》作“其佐祝融”），执衡而治夏……中央，土也，其帝黄帝，其佐后土，执绳而治四方，其神为镇星，其兽黄龙……西方，金也，其帝少昊，其佐蓐收，执矩而治秋……北方，水也，其帝颛顼，其佐玄冥，执权而治冬。”

从黄帝之为黄及其与黄土的关系认识出发，学者李仲立认为，还是《史记索隐》中的“土色黄，故号黄帝”说得好，“黄帝即黄地，黄帝部落，就是生活在黄土地上的人和人群。这些人住在黄河流域，喝的黄河水，吃的粟（小米）黍（糜子），亦称黄米，谷子、糜子成熟时也是黄色”。关于这方面的进一步探索，则是有学者根据陕西石峁遗址以及周边一系列城址的发现，提出了地处黄土高原的石峁古城为黄帝城的大胆猜想。沈长云先生在《光明日报》的撰文《石峁古城是黄帝部族居邑》即指出："我相信，这座古城（按，石峁）所蕴含的考古文化分布的范围及其附近地区，应当就是黄帝部族活动的地域。而这座城址的相对年代，则应当是黄帝部族及其后裔活动在历史上的时期。"在《史记》《汉书》等文献中，黄帝一族最初就生活栖居于黄河流域的黄土高原，因此有了《史记·五帝本纪》中"黄帝崩，葬桥山"的说法。《史记集解》引刘劭《皇览》说："黄帝冢在上郡桥山。"《汉书·地理志》"上郡阳周"条目下也有"桥山在南，有黄帝冢"的记载。阳周系今陕西省子长县，位于今黄陵县以北偏东三四百里。另，《汉书·地理志》"上郡肤施（今榆林）"条目下称其地并有"黄帝祠四所"。凡此不难看出，石峁古城附近的榆林、子长一带遗存诸多关于黄帝族的文化遗迹，这一带地属黄帝文化圈则是无可否认的。在这个意义上，沈先生的看法并非没有缘由。

再进一步分析，关于黄帝名号，丁山先生在作《中国古代宗教与神话考》时，曾提出"黄帝即皇天上帝"的看法。据丁山先生研究，"黄帝之即'皇天上帝'的别名，自顾颉刚古史辨首发其蒙，国内史学家迭有补正"。检校相关研究，如童书业先生即谓："前人及近人以为'黄帝'实出'皇帝'（上帝）之变字，其证甚多。崔适等已谓黄帝即《吕刑》之'皇帝'，则《吕刑》'皇帝遏绝苗民'之故事即黄帝灭蚩尤之故事也。"杨宽先生也提出过"黄""皇"相通，"黄帝即皇天上帝"的相类看法。王范之先生亦认为："黄帝亦作皇帝，《易·系辞下》，'黄帝尧舜，垂衣裳而天下治'。《风俗通·声音》篇作黄帝。黄、皇古字通。《说文》'吉皇之乘'，《逸周书·王会篇》，作‘吉黄之乘’。杨子《法言·孝至》篇：‘武义璜璜’。注：犹煌煌也。璜煌皆以黄皇得声，黄皇古通。”凡此，说明“黄”“皇”自古通用，黄帝即皇天上帝。至于周人为何要以“黄帝”代替“皇天上帝”，丁山先生对此梳理道：殷商王朝只有“上帝”，不称“皇天”，宗周时代的金文，所见为“皇帝”“皇上帝”或“皇天上帝”，亦无“黄帝”。春秋时代的文献，如《左传》《国语》诸书，始盛称黄帝，春秋列国如有虞之后陈侯虽列黄帝为始祖，但当时士大夫知道黄帝即皇天上帝者还是不乏其人，故《庄子》书里有时黄帝仍作“皇帝”，战国诸子仍然常说“昔黄帝合鬼神于泰山之上”。在丁山先生看来，假使黄帝不是天神，怎么能够驱遣鬼神及其他怪物为他驾车开路去见大神，又大合神鬼呢？他并将甲骨卜辞中出现的祭祀先妣或是女神的“黄示”“黄奭”（按，郭沫若释为“黄母”即地母）均释作“黄帝”。丁山先生认为：“（屈原）《九章》所谓‘后皇’宜是甲骨文所见‘黄示’‘黄奭’的别名。换言之，晚周阴阳家所谓‘黄帝之时，土气胜’，当自殷商王朝以黄土之神为‘黄示’的祀典演绎而来。所以论‘黄帝’的名词来源，是春秋士大夫糅合后土‘黄示’与‘皇天上帝’两个天神地祇为一神的创举，不是晚周阴阳家以五色配五方的原理凭空杜撰出‘黄帝以土德王’的新说。不嫌重复说，周人所谓‘黄帝’，直接蜕变于殷商地神的‘黄示’。”从丁山先生的分析研究中不难发现，在文献记录的包括黄帝等英雄人物在内的五帝时代的古史传说中，确乎存在着一个由人而神，由神而人或人神相混的“古史神人化”问题。其实按之于传说时代的历史，不仅存在一个古史由人而神的层累过程，也存在着一个古史的神格化、史诗化，或有如“一半是火焰一半是海水”的半神半人、神话与史话交织融汇的文化创造过程。如在唐代人们的认识中，就连黄帝之所以是黄帝，也是缘之于“黄者，中和，美色。‘黄’承天德最盛、淳美，故以尊色为谥”。相类的情况亦见之传唱于少数民族地区的史诗和史著中，如《江格尔》《安多政教史》等即其例。

三、天鼋天兽，族徽图腾

说到黄帝名号，这里还涉及黄帝与轩辕氏和有熊氏的问题。《史记索隐》注曰：“（黄帝）‘号有熊’者，以其本是有熊国君之子故也。亦号轩辕氏。”有学者认为，黄帝号“有熊”盖因其族团或部落以熊为图腾，熊与龙古音相近，说明黄帝部落是以龙为图腾的民族。有熊作有龙，也是后世人们对上古有圣德帝王的称颂。“有熊”既是一种尊号，那么在上古时代被认为有圣德的帝王则不止有黄帝一人，长沙子弹库战国楚帛书乙篇：“曰故（古）黄熊伏羲……风雨是于。”唐孔颖达疏引《帝王世纪》云：“太皞帝庖牺氏，风姓也，母曰华胥。遂人之世有大人之迹，出于雷泽之中，华胥履之生庖牺于成纪，蛇首人身，有圣德，为百王先。帝出于震，未有所因，故位在东，主春象日之明，是以称太皞，一号黄熊氏。”《左传·昭公七年》载：“昔尧殛鲧于羽山，其神化为黄熊，以入于羽渊，实为夏郊，三代祀之。”司马迁用他自己的观念评定并选用了保存在史传中各据一方、次第代立的上古酋长时代的史料，仅仅把“有熊”的名号用来称颂黄帝一人，这从一个侧面反映了司马迁所整理的黄帝及其事迹是费了一番苦心的。

至于黄帝号轩辕氏的问题，《庄子·胠箧》篇有提到上古君王“轩辕氏”，上博简《容成氏》亦有“轩辕氏”之记载。《史记·五帝本纪》谓：“黄帝居轩辕之丘”，故黄帝“名曰轩辕”。《史记索隐》引晋皇甫谧曰：“黄帝生于寿丘，长于姬水，因以为姓。居轩辕之丘，因以为名，又以为号。”清段玉裁《说文解字注》释“龟”有谓：“此以叠韵为训，门闻户护之例。龟古音姬。”学者王晖据以析说：“生于寿丘是因龟鼋的长寿之义，长于姬水姓‘姬’盖因龟古音同姬，看来黄帝姓姬名号轩辕盖均与龟鼋图腾有关。”

众所周知，黄帝号轩辕氏，又号有熊氏。由前引黄帝即皇天上帝的说法来看，黄帝名号与天关系密切。对此，郭沫若、邹衡等曾提出过一个重要判断，即青铜器铭文中的“天鼋”族徽乃古轩辕氏，青铜器铭文中“天兽”族徽乃“有熊氏”。郭沫若先生依据《国语·周语》所载，“我姬氏出自天鼋”，指出“姬氏出自天鼋，犹言出自黄帝”，铜器铭文中被其释为“天鼋”的族徽（见下图），“盖古之轩辕氏”，轩辕乃天鼋之音变。杨向奎、于省吾、邹衡等基本赞同郭氏之说，认为轩辕即天鼋。杨向奎还提出《国语·晋语》中的“玄鼋”即“天鼋”；于省吾则认为“鼋即天黾二字的合文”；邹衡指出，天鼋族徽之外还有很多天兽族徽，他认为《史记·五帝本纪》和《大戴礼记·五帝德》记载黄帝与炎帝战于阪泉之野的“熊、罴、貔、貅、貙、虎”，可能就是黄帝族属的图腾。

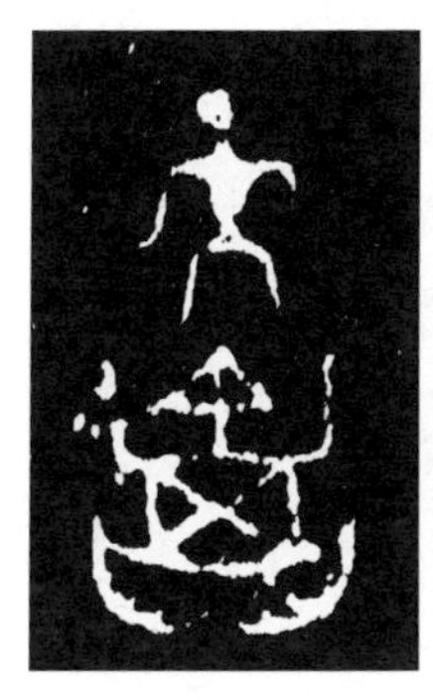

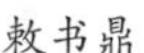

敕书鼎

鼋父癸

龟鱼纹盘

郭、杨、于、邹诸先生的释读与研究，表明《国语》记载的“长于姬水”的黄帝轩辕氏与天鼋徽号确乎渊源有自。邹衡先生曾收集100件左右带有天族徽章的青铜器，上面刻有青铜器族徽铭文的“天鼋”“天兽”，判断其盖为黄帝属下的氏族图腾。

王震中先生认为，在中国古代，人名、地名、族名往往可以同一。黄帝一名的情况也是如此，它既可以作为部族首领之名，也可以作为该族的部族宗神之名。因此，在其神性上就会有皇天上帝的含义，而当金木水火土五行盛行的时候，自然就会产生以土德王的说法。至于称其为中央之帝，这不仅仅是因人们安排五行中以土为中，还在于黄帝族在其强盛的时期，占据的是中原，在古人的眼里，这是“天下”之中。而天下之中亦即四方汇集之地，它是最容易也是最早发生部族融合的地方。但如果把黄帝一名与轩辕氏、有熊氏这些称谓相比较，黄帝名号的出现似应晚于轩辕氏和有熊氏这些称名。真实的情况应该是，先有轩辕氏（“天鼋”氏）、有熊氏（“天兽”氏）以及以“天”为氏的这些族氏名号，次第才有“黄帝”这一名号的赓续。其实，在古代文献中，就有把黄帝与轩辕氏分开对待的情况。如在《庄子》一书中，有的篇章把轩辕氏排在神农之前，而有的篇章把黄帝放在神农之后，似乎在告诉人们：轩辕与黄帝不是同一时代的人。《越绝书》中引用战国时人风胡子的话：“轩辕、神农、赫胥之时，以石为兵……至黄帝之时，以玉为兵……”显见“黄帝”这一名号晚于轩辕氏和有熊氏，但后来“黄帝”这一名号却又包含着轩辕氏和有熊氏，甚至在有关黄帝的传说中，说黄帝有二十五子、十二姓等。准之实际，不妨认为，“黄帝”这一名号乃是对上述诸族氏的概括，是部族融合后的产物。由此，说黄帝之黄是来源于皇天之天，亦即青铜器族徽中的“天鼋”“天兽”之天，黄帝一名来源于人们对天的崇拜，它与姬姓的周人得天下有极大的关系，等等，都不会是无的放矢之见。

第二节　黄帝故事及其文化内涵

一、阪泉之战与涿鹿之战

读先秦史传文献，遥思上古时代早期文明演进的路程，并不是如某些史家写几句政治正确的话就可解释和涵盖，其实际的景况往往是既不可人，更无诗意。既然是战争，就不可能如布施般伴着人道主义牧歌，相反常常是踩踏着千万具无辜者的尸骨前行。这就是历史！但也是人类文明演进不得不交付的高昂“学费”，人类似乎注定要经历这样一次次的血火蜕变，才能淬炼出不朽的精神与意志。

据史传记载，黄帝时代战争频繁，“凡五十二战而天下大服”。著名者则是两场大的战争：一是黄帝与炎帝的阪泉之战；一是黄炎联盟与蚩尤的涿鹿之战。阪泉之战、涿鹿之战，既是中华文明进程的开篇之战，也是中国历史的开端。

阪泉之战见载于《左传·僖公二十五年》《国语·晋语四》《吕氏春秋·荡兵》《归藏》《大戴礼记·五帝德》《新书·益壤》《新书·制不定》《淮南子·兵略》《孔子家语》《列子·黄帝》《盐铁

论·结和》等。阪泉之战是上古华夏族系内部兄弟兵戎争锋、以战止战、以战促和的一大经典战例，故在春秋时代仍为人们所称道和纪述。如《左传·僖公二十五年》载晋文公平王子带之乱，文公使郭偃占问，卜得吉兆："遇黄帝战于阪泉之兆。"由于时代邈远，阪泉之战的具体内容，后人只能凭口传述记管窥一二。关于阪泉之战较为详细的史传叙事，当系《银雀山汉墓竹简·孙子佚文·黄帝伐赤帝》，但语涉阴阳，文辞晦涩，不能尽窥堂奥。其文谓："[至于□□]，战于反山之原，右阴，顺术，倍（背）冲，大威（灭）有之。[□年]休民，□谷，赦罪。"《孙子佚文》中之"反山之原"当为阪泉。"反""阪"字通。"原"从"厂"从"泉"，《说文》谓："原，水泉本也。"大意是说，黄帝与周边方国部落进行了长期征战，最终战而胜之，走向"天下四面归之"的一统局面。史学家司马迁面对口传史料"百家言黄帝，其文不雅驯，缙绅先生难言之"的研究窘况，其《史记·五帝本纪》载记的阪泉之战，虽于史事之交代亦不过数笔之寥，但战事起因的交代，黄帝备战举措中的政治动员、思想认识的统一、物资储备、军事地理的准备，以及战争结果等的逻辑链却清晰可辨："炎帝欲侵陵诸侯，诸侯咸归轩辕。轩辕乃修德振兵，治五气，艺五种，抚万民，度四方，教熊罴貔貅貙虎，以与炎帝战于阪泉之野。三战，然后得其志。"黄帝作为奏响中华文明进程序曲，揭橥五帝时代第一篇章的杰出政治家、军事战略家的光彩形象，呼之而出，跃然纸上。黄炎二族的关系，据《国语·晋语四》载："昔少典娶于有蟜氏，生黄帝、炎帝。黄帝以姬水成，炎帝以姜水成。成而异德，故黄帝为姬，炎帝为姜。二帝用师以相济也，异德之故也。"凡此说明黄炎二族关系亲近，同属华夏族系。

涿鹿之战见载于《史记·五帝本纪》，黄帝之时，“蚩尤最为暴，莫能伐”。“蚩尤作乱，不用帝命。于是黄帝乃征师诸侯，与蚩尤战于涿鹿之野，遂禽杀蚩尤。而诸侯咸尊轩辕为天子，代神农氏，是为黄帝”。《山海经·大荒北经》曰：“蚩尤作兵伐黄帝。黄帝使应龙攻之冀州之野。应龙畜水。蚩尤请风伯雨师，纵大风雨。黄帝乃下天女曰魃，雨止，遂杀蚩尤。”《逸周书·尝麦解》记载：“昔天之初，诞作二后，乃设建典，命赤帝分正二卿，命蚩尤宇于少昊，以监四方，司□□上天未成之庆。蚩尤乃逐帝，争于涿鹿之河（阿），九隅无遗。赤帝大慑，乃说于黄帝，执蚩尤，杀之于中冀。以甲兵释怒，用大正顺天思（卑）叙，纪于大常，用名之曰绝辔之野。乃命少昊清司马鸟师，以正五帝之官，故名曰质。天用大成，至于今不乱。”据李学勤先生研究考证，此篇文字很多地方类似西周较早的金文，“篇中引述黄帝、蚩尤以及启之五子等故事，与《吕刑》穆王讲蚩尤作乱、苗民弗用灵等互相呼应，其时代当相去不远”。因此，《尝麦》篇有可能是穆王初年的作品。近年公布的《清华简·五纪》记载了黄帝伐蚩尤，以及蚩尤系黄帝之子的史传叙事。其文谓：“黄帝之身，溥有天下，始有树邦，始有王公。四荒、四冘、四柱、四维，群祇、万貌焉始相之。黄帝有子曰蚩尤，蚩尤既长成人，乃作五兵，五兵既成……将以征黄帝。”有学者注意到，在黄帝与蚩尤的涿鹿之战中，其对战争胜负的把握，已进一步扩展到风、雨、旱、涝、雾等自然气候要素。传说中的风伯雨师、应龙旱魃即这些自然力量的代表。不夸大地说，《孙子兵法》所说的“知彼知己”“知天知地”“胜乃不穷”，等等，黄帝都颇有涉猎，由此可见黄帝时代的战略思考力确乎有了明显进步。《尚书孔氏传》提到蚩尤的身份是“九黎之君”，韦昭《国语注》谓：九黎，“蚩尤之徒也”。20世纪三四十年代，蒙文通、徐旭生诸先生分析研究上古史，将中国古代氏族划分为三大集团：江汉—河济—海岱或苗蛮—华夏—东夷。显然蚩尤所在的九黎氏族属海岱或东夷集团。氏族之间有和平共处，同时也会有冲突和战争。在司马迁的认识中，黄帝恰恰是经过与蚩尤的涿鹿之战，而被诸侯咸尊“为天子，代神农氏，是为黄帝”。当然，蚩尤的传奇并未就此煞尾，唐张守节《史记正义》引《龙鱼河图》记：“黄帝摄政，有蚩尤兄弟八十一人，并兽身人语，铜头铁额，食沙石子，造立兵仗刀戟大弩，威振天下，诛杀无道，不慈仁。万民欲令黄帝行天子事，黄帝以仁义不能禁止蚩尤，乃仰天而叹。天遣玄女下授黄帝兵信神符，制伏蚩尤，帝因使之主兵，以制八方。蚩尤没后，天下复扰乱，黄帝遂画蚩尤形像以威天下，咸谓蚩尤不死，八方皆为殄灭。”

上古时代关于黄帝与炎帝、蚩尤之间征战的传说，一方面说明历史不完全是春江花月夜般的如歌行板，一方面说明唯有征战才能最快地打破部落、部族之别，加速部落与部族的融合。而且在古人的认识中，黄帝与炎帝、蚩尤的关系不是“非我族类，其心必异”，而是有如阋墙之衅，蚩尤在历史上的形象转换就是最好的说明。前引《国语》韦注有九黎乃蚩尤之徒说，蚩尤之九黎战败后，《诗经》云：“周余黎民，靡有孑遗。”说明西周时仍有“黎民”的称谓，此后黎民更成为百姓、民众的统称。这也恰好说明了九黎已融合成为中华民族的一员。因此，黄帝战败蚩尤并不是成王败寇的逻辑安排，而是以一视同仁的兼容并包，将蚩尤形象转化成为华夏族不死的战神，蚩尤之族群由此被包容纳入新的更为广大的华夏联盟体和共同体。如此也就从一个端点回答了黄帝、炎帝和蚩尤何以成为中华民族共同尊崇的史诗英雄。

此外，有关黄帝征战的传说史料还包括黄帝伐四帝之战。此说见载于三国时曾任曹魏太尉的蒋济所著的《蒋子万机论》。其文谓：“黄帝之初，养性爱民，不好战伐。而四帝各以方色称号，交共谋之，边城日惊，介胄不释。黄帝叹曰，夫君危于上，民安于下，主失于国，其臣再嫁。厥疾之由，非养寇耶？今处民萌之上，而四盗亢衡，递震于师。于是遂师营垒以灭四帝。”《孙子兵法·行军篇》亦谓：“凡处军相敌，绝山依谷，视生处高，战隆无登，此处山之军也。绝水必远水，客绝水而来，勿迎之于水内，令半渡而击之，利。欲战者，无附于水而迎客，视生处高，无迎水流，此处水上之军也。绝斥泽，惟亟去，无留，若交军于斥泽之中，必依水草而背众树，此处斥泽之军也。平陆处易，而右背高，前死后生，此处平陆之军也。凡此四军之利，黄帝之所以胜四帝也。”《银雀山汉墓竹简·孙子佚文·黄帝伐赤帝》亦谓：“孙子曰：[黄帝南伐赤帝，至于□□]，战于反山之原，右阴，顺术，倍（背）冲，大威（灭）有之。[□年]休民，□谷，赦罪。东伐□帝，至于襄平，战于平□，[右阴]，顺术，倍（背）冲，大威（灭）[有之。□]年休民，□穀，赦罪。北伐黑帝，至于武隧，[战于□□，右阴，顺术，倍冲，大威有之。□年休民，□谷，赦罪]。西伐白帝，至于武刚，战于[□□，右阴，顺术，倍冲，大威有]之。已胜四帝，大有天下，暴者……以利天下，天下四面归之。”四帝即太昊之后青帝、共工之后白帝、神农之后赤帝、葛天氏之后黑帝。从《孙子佚文·黄帝伐赤帝》可知，黄帝是在战胜了四帝之后才真正实现了部族统一的局面。

黄帝征战过程中还使用了相关工具，如旗帜、号角、弓箭、夔鼓、指南车等。《经典释文》引《世本》曰：“黄帝作旃。”郑玄注：

"旃，旌旗属也。载之者所以表识其事也。"清丘象随《昌谷集句解》注云："蚩尤与玄女战，黄帝始为角，命吹之作龙鸣，以御之。"号角作为人类联络传递信号的工具，出现得很早。早在7000年前，已有先民用海螺作为组织、召集的传声信号，此后兽角、竹竿等材质相继出现，而金属类号角的出现则相对较晚。《孙子兵法》载有旌鼓号角等用于作战的信号工具。《史记·五帝本纪》谓黄帝统率的方国部落军队，其中就有熊、罴、貔、貅、貙、虎的区分。据军史专家研究，当时的部落氏族使用不同动物图腾作为族徽，战时族徽自然成为一种旗帜标识。明《正统道藏·历世真仙体道通鉴》有云："黄帝又与榆罔争天下，榆罔恃神农氏之后，故争之。黄帝始以雕、鹖、鹰、鸇为旗帜。"黄帝史迹传说中，与军械相关的用具并有弓箭、夔鼓和指南车等。涿鹿之战时，"黄帝始制弧矢"，并以东海神牛夔之皮蒙鼓80面，用雷兽之骨做槌，"声闻五百里，以威天下"。《旧唐书》并载，黄帝在涿鹿之战中推出了鼓曲《灵夔吼》《雕鹗争》《石坠崖》《壮士怒》等，鼓舞士气，以壮军威。在战争中学习战争，在战争中认识战争，这是战争制胜之道。《黄海·纪异五》有谓："黄帝得蚩尤，始明乎天文。"据说指南车就是在涿鹿之战时发明的，《太平御览》有载："黄帝与蚩尤战于涿鹿之野，蚩尤作大雾，弥三日，军人皆惑。黄帝乃令风后法斗机，作指南车，以别四方，遂擒蚩尤。"意为蚩尤请来风伯雨师助阵，作大雾弥漫三天三夜。黄帝命风后对策破敌，风后于是夜观星象，在北斗星座的启示下，发明了指南车，黄帝大军遂得以破其雾阵，打败蚩尤。北宋史学家刘恕《通鉴外纪》亦谓："蚩尤作乱，不用命。轩辕征师，与蚩尤战于涿鹿之野。蚩尤为大雾，军士昏迷，轩辕作指南车，以示四方。遂禽蚩尤，戮于中冀，名其地曰绝辔之野。”指南车发明的传说，颇能说明星象位置与军事作战的关系，尤其在冷兵器时代，星象识别对于军队准确定位与破敌十分重要，攸关生死。

二、“人文初祖”与黄帝贡献

《庄子》有言：“世之所高，莫若黄帝。”可以肯定地说，黄帝之为黄帝，既是一种政治的象征，又是一种精神文化的价值象征；就前者而言，黄帝是中华民族统一的象征，是民族凝聚力与意志力的象征；就后者而言，黄帝则是勤劳勇敢、创新发明、自强不息、厚德载物的中华民族精神价值的写照。丁山先生曾说：“黄帝简直成了中国一切文物的创造者——自天空的安排直至人类的衣履，都是黄帝命令他的官吏分别制作的。”也因此，黄帝信仰作为中国上古时代人们对“人文初祖”的集体记忆，自进入初民的文化传承系统，便被书于竹帛，并受到了民族、历史特别的记录与礼赞。兹列举如下：

> 黄帝能成命百物，以明民共财。
>
> ——《国语·鲁语上》
>
> 昔者，黄帝始以仁义撄人之心……黄帝立为天子十九年，令行天下。
>
> 及神农、黄帝始为天下，是故安而不顺。
>
> ——《庄子》
>
> 故黄帝作为君臣上下之仪，父子兄弟之礼，夫妇妃匹之合，内行刀锯，外用甲兵，故时变也。
>
> ——《商君书·画策》

昔者黄帝合鬼神于泰山之上，驾象车而六蛟龙，毕方并辖，蚩尤居前，风伯进扫，雨师洒道，虎狼在前，鬼神在后，腾蛇伏地，凤凰覆上，大合鬼神，作为清角。

——《韩非子·十过》

为天下及国，莫如以德，莫如行义，以德以义，不赏而民劝，不罚而邪止，此神农、黄帝之政也。

——《吕氏春秋·离俗》

此外，《大戴礼记·五帝德》《史记·五帝本纪》《帝王世纪》和东晋王嘉《拾遗记》、明潘之恒《黄海·纪异》等皆有记录，及至近代，又有刘师培著《黄帝纪年论》。

黄帝，少典之子也，曰轩辕。生而神灵，弱而能言，幼而慧齐，长而敦敏，成而聪明。治五气，设五量，抚万民，度四方。教熊罴貔豹虎，以与赤帝战于版（阪）泉之野。三战，然后得行其志。黄帝黼黻衣，大带，黼裳，乘龙扆云，以顺天地之纪，幽明之故，死生之说，存亡之难。时播百谷草木，故教化淳，鸟兽昆虫。历离日月星辰，极畋土石金玉，劳心力耳目，节用水火材物。生而民得其利百年，死而民畏其神百年，亡而民用其教百年，故曰三百年。

——《大戴礼记·五帝德》

黄帝者，少典之子，姓公孙，名曰轩辕。生而神灵，弱而能言，幼而徇齐，长而敦敏，成而聪明。

轩辕之时，神农氏世衰。诸侯相侵伐，暴虐百姓，而神农氏弗能征。于是轩辕乃习用干戈，以征不享，诸侯咸来宾从。

而蚩尤最为暴，莫能伐。炎帝欲侵陵诸侯，诸侯咸归轩辕。轩辕乃修德振兵，治五气，艺五种，抚万民，度四方，教熊罴貔貅貙虎；以与炎帝战于阪泉之野。三战，然后得其志。蚩尤作乱，不用帝命。于是黄帝乃征师诸侯，与蚩尤战于涿鹿之野，遂禽杀蚩尤。而诸侯咸尊轩辕为天子，代神农氏，是为黄帝。

……置左右大监，监于万国……时播百谷草木，淳化鸟兽虫蛾。旁罗日月星辰水波，土石金玉，劳勤心力耳目，节用水火材物。有土德之瑞，故号黄帝。

——《史记·五帝本纪》

黄帝，有熊氏，少典之子，姬姓也。生于寿丘，长于姬水。龙颜，有圣德，受国于有熊，居轩辕之丘，故因以为号。治五气，设五量……神农氏衰，蚩尤氏叛，不用帝命。黄帝于是修德抚民，始垂衣裳，以班上下。刳木为舟，剡木为楫，舟楫之利，以济不通。服牛乘马，以引重致远。重门击柝，以待暴客。断木为杵，掘地为臼，杵臼之用，以利万人。弦木为弧，剡木为矢，弧矢之利，以威天下。诸侯叛神农氏而归之。讨蚩尤氏，擒之于涿鹿之野。诸侯有不服者，从而征之，凡五十二战，而天下大服。俯仰天地，置众官，故以风后配上台。天老配中台，五圣配下台，谓之三公。其余地典、力牧、常先、大鸿等，或以为师，或以为将，分掌四方，各如己视，故号曰黄帝四目。又使岐伯尝味草木，典医疾，今经方本草之书咸出焉。其史仓颉又象鸟迹，始作文字。自黄帝以上，穴居而野处……及至黄帝，为筑宫室，上栋下宇，以待风雨。而易以棺椁，制以书契。百官以序，万民以察，神而化之，使民不倦。后作云门咸池之乐，周礼所谓大咸者也。于是人事毕具。

黄帝在位百年而崩，年百十一岁矣。或传以为仙，或言寿三百年。

——《帝王世纪》，徐宗元辑本

轩辕出自有熊之国，母曰昊枢。以戊巳之日生，故以土德称王也。时有黄星之祥，考定历纪，始造书契、服冕垂衣，故有兖龙之颂。变乘桴以造舟楫，水物为之翔踊，沧海为之恬波。泛河沉壁，有泽马群鸣，山车满野。吹玉律，玉璇衡，置四史以主图籍。使九行之士以统万国。九行者，孝、慈、文、信、言、忠、恭、勇、义，以观天地，以祠万灵，亦为九德之臣。

——《拾遗记》

（轩辕黄帝）生而神灵，幼而徇齐，弱而能言，长而敦敏，成而聪明……受国于有熊，袭封君之地。以制作轩冕，乃号轩辕。以土德王，曰黄帝……初，喜天下之戴己也，养正娱命，自取安而顺之，为鸿黄之代以一民也。时人未使而自化，未赏而自劝，其心愉而不伪，其事素而不饰，谓太清之始也。耕者不侵畔，渔者不争岸，抵市不预价，市不闭鄙，商旅之人相让以财，外户不闭，是谓大同。帝理天下十五年，忧念黎庶之不理，竭聪明，进智力，以营百姓，具修德也。考其功德，而务其法教。

——《黄海·纪异》

民族者，国民特立之性质也。凡一民族，不得不溯其起原。为吾四百兆汉种之鼻祖者谁乎？是为黄帝轩辕氏。是则黄帝者，乃制造文明之第一人，而开四千年之化者也。故欲继黄帝之业，当自用黄帝降生为纪年始。

——《黄帝纪年论》

综合相关文献史料和记述，兹将史传记录中的黄帝事迹及其贡献，整理、总结如下：

1. 肇造华夏文明

历史学家范文澜指出：“中国比较有系统的历史，可以承认从黄帝开始。”黄帝时代既是华夏族人文化成的开始，也是中国历史的开端。相传“诸侯相侵伐，暴虐百姓”，黄帝“悯阽危，铸五兵”，通过阪泉之战和涿鹿之战等，联合天下万邦，以战止乱，平定纷争，统一部族，建立华夏文明，奠定中华民族多元一体的宏大格局。这种面对危局与挑战，一往无前的大无畏气概，成为中华民族世代相传的优秀文化基因。

2. 发明创造与创新

有学者认为，黄炎之争中，“炎帝的失败代表着一个时代的结束”，“而黄帝的胜利则意味着一个新的时代的开始，从考古学的角度来说就是青铜时代的到来”。诚哉斯言！黄帝时代在“二十四史”为代表的中国文化叙事体系中，毫无疑问是中华文明进程的肇始期，中国历史上诸多的物质文明、精神文明和制度文明都滥觞于这一时期，这些文明素地的发明创造，经由历史与文化的层累建构，对后世中国产生了深远的影响。

首先是物质文明的创造。

在与黄帝相关的众多发明创造中，最引人瞩目的是黄帝族对农业革命的贡献。因为人类文明的初阶即从农业革命开始，文明开化也在这方面表现得至为突出。一如何炳棣所论：“人类史上没有例外，唯有建筑在粮食作物基础上的农业才会产生高等文化。”从营养科学的观点看，一粒粒粮食极尽造物之妙，因为粮食颗粒的皮壳之中不但包有代表新生命的种子，并且含有使种子生长发育的种种营养质素；粮食的耕作使耕作者不得不遵守一定的生活纪律，不得不观察天气变化和天体演化等自然现象。“旧大陆和新大陆天文、历法、算术、符号、文字的发明无不由于粮食作物的耕种。人类只有种植粮食定居以后，才会有物质剩余和空闲，才能产生高等的文化。”

《国语·鲁语上》记载：“黄帝能成命百物。”韦昭注：“命，名也。”意为黄帝具有给百种事物命名的能力。说明黄帝族在农业领域的技术能力已发展到一定的水准。《史记·五帝本纪》即谓黄帝“艺五种，抚万民”。《史记集解》：“艺，树也。《诗》云：‘艺之荏菽’。《周礼》曰‘谷宜五种’。郑玄曰：‘五种，黍、稷、菽（豆）、麦、稻也’。”艺五种就是种植五谷，五谷内涵历来说解不一，一说指稻、稷、麦、豆、麻，一说则指麻、黍、稷、麦、豆，也用来泛指粮食作物。先秦时期，北方亦有水稻的种植。《诗·周颂·丰年》云：“丰年多黍多稌，亦有高廪，万亿及秭。”《毛传》云：“稌，稻也。”《周礼·天官·食医》曰：“凡会膳食之宜，牛宜稌。”郑玄注引郑司农曰：“稌，粳也。”上述文献所载记的黄帝时代农业基础无疑是谷物的种植。此外，史传谓黄帝元妃嫘祖（西陵氏之女）教民养蚕为丝，成为中国养蚕治丝方法的创始者。《史记·五帝本纪》谓：“黄帝居轩辕之丘，而娶于西陵之女，是为嫘祖。嫘祖为黄帝正妃，生二子，其后皆有天下。”自北朝北周、南朝刘宋开祭，嫘祖亦被百姓奉祀为“先蚕”之神，江南之蚕花娘娘、马头娘皆可视作嫘祖育蚕文化在岁月中的演化与分身。

据齐思和先生考订，古代盛行圣王制器说，其中黄帝制器故事“较其他传说中之帝王为多”。“故《世本》所举伏羲、神农、尧、舜之发明，不过琴、瑟、棊、箫数事而已。至若井、火食、旃、冕、制乐等重要制作皆归之于黄帝。不惟使重要之发明归之于黄帝已也，更以重要之发明家，为黄帝之臣。如仓颉造字，先秦诸书所同言也，而皆未言其时代，至《世本》则以为黄帝之史。《吕氏春秋·勿躬篇》已以大桡等十四人为人臣，至其为谁氏之臣，尚未之言也。至《世本》则曰：‘黄帝使羲和占日，常仪占月，臾区占星气，伶伦造律吕，大桡作甲子，隶首作算数，容成综此六数而著调历也。’于是七人又皆成为黄帝之臣；而其创作之功，皆归于黄帝矣”。清陈立《白虎通疏证》亦谓：“《古今注》载，轩辕臣胡曹作衣，容成作历，伶伦作律，吕首作算，仪秋作酒，诸事皆黄帝作，制度之事也。故《曲礼疏》引皇侃说也，礼名起于黄帝。《风俗通》引《大传》云，黄帝始制冠冕，垂衣裳，上栋下宇，以避风雨。”

兹据相关史传，胪列黄帝在物质文明方面的事功与创造活动如下：

（1）黄帝凿井。《易·井》引《周书》云：“黄帝穿井。”“穿”，《增韵》释作钻、凿。

（2）黄帝造火食。《世本·作篇》谓：“黄帝造火食。”《易·系辞下》载：“黄帝……断木为杵，掘地为臼，臼杵之利，万民以济。”《管子·轻重戊》亦谓：“黄帝作，钻燧生火，以熟荤臊，民食之，无兹胃之病，而天下化之。”《云笈七签》卷一百之《轩辕本纪》称：“（黄）帝作灶。”《太平御览》引《淮南子》曰：“黄帝作灶，死为灶神。”宋《事物纪原》引《周书》曰：“黄帝始燔肉为炙”“黄帝始蒸谷为饭”“黄帝始烹谷为粥”；引《古史考》曰：“黄帝始造釜甑，火食之道成矣。”清《格致镜原》引《物原》曰：“轩辕作碗楪（碟）。”粟和黍、稷是中国半干旱黄土区的原生植物，考古学家李济提到，仰韶文化遗址出土了人工种植的小米和粟，还有蔬菜，后又有稻。根据出土文物和遗址，可以判断当时的家畜有猪、狗，在居住遗址处可能还伴有豹、犀牛、野牛等野兽，间或杂有马、兔等。仰韶文化遗址还出土了简单的谷物加工工具，如石磨盘，这说明当时农业的基础是建立在粮食作物之上（粟已是人工栽培的主要食粮），而不是像一些热带地区的农业，最初是建立在芋薯之类根块植物和香蕉、面包果之类富于淀粉的果实之上。

（3）黄帝作舟车。文献记载，黄帝以发明车而名闻天下，世人号曰“轩辕氏”，又称“轩辕黄帝”，轩、辕二字，字形均从车旁，显然与车子有关。《路史·前纪七》载：“轩辕氏作于空桑之北，绍物开智，见转风之蓬不已者，于是作制乘车，梠轮璞较，横木为轩，直木为辕……故号曰轩辕氏。”即黄帝受到飞蓬转动的启发，发明了车轮，以牵引车辆的横木杠为“轩”，连接车辆的直木杠为“辕”，于是有了轩辕氏的名号。《古史考》曰：“黄帝作车，引重致远，其后少昊时驾牛，禹时奚仲驾马。”《通志·三皇纪》谓：“（黄帝轩辕氏）作舟车，以通道。”迄今安徽黄山仍保存有一项与黄帝传说相关的非物质文化遗产——轩辕车会。《易·系辞下》并载：“黄帝、尧、舜氏……刳木为舟，剡木为楫，舟楫之利，以济不通，致远以利天下……服牛乘马，引重致远，以利天下。”《世本》云：黄帝之臣共鼓、化狄（又称化狐）造舟。容成刳木为舟。《拾遗记》亦谓：“轩辕变乘桴以作舟楫。”

（4）黄帝筑宫室城邑。《白虎通》云：“黄帝作宫室。”《春秋内事》云：“轩辕氏以土德王天下，始有堂室，高栋深宇，以避风雨。"《易传》云："（黄帝）上栋下宇，以待风雨。"《风俗通》曰："（黄帝）备栋宇。"《通志·三皇纪》称："（黄帝轩辕氏）上栋下宇，作宫室以居。"《广博物志》云："轩辕作房屋宅舍。"《古今韵会举要》卷八注曰："黄帝始筑城邑以居。"明倪岳《会题正祀典事》云："故设为城郭沟池，以守其国而保其民人。《传记》谓，其制自黄帝始。历代建国必有高城深隍，上以保障宗社朝廷，下以卫捍百官万姓，其所系甚重，其为功不小。"考古工作者在仰韶文化遗址的发掘中，也发现了数量颇多的房屋建筑基址。据考古学家严文明先生研究，仰韶文化遗址中的大房子，早期面积为60—150平方米，中期约为200平方米，晚期为150—300平方米。

（5）黄帝作器。这里重要的当属陶器的制作与发明。《路史·后纪三》注引《黄帝内传》言："黄帝始作陶。"考古发掘表明，中国是陶器的起源地，距今10000年以前，我们的祖先就发明了陶器。陶器是新石器时代的代表性器物，其器型演变成为考古学家年代学分析的重要依据。在距今8000年左右的河南裴李岗文化遗址和距今11000—8500年的浙江浦江上山文化遗址、距今5300—4300年的浙江良渚文化遗址都有诸多发现。距今5900—5400年的仰韶文化中期庙底沟类型，因其时间断限与黄帝时代的对应性关系，其考古发掘颇值一观。从出土陶器的种类来看，庙底沟类型炊器有罐、鼎、釜、甑和灶等；食器有碗、钵、盆、罐、盂和杯等；贮器有瓮、罐、瓶等。并且食器数量明显增多，釜、灶、甑等为新出现的器类，说明了人口规模和生活质量的变化与提高。反映在文献记载的黄帝时代，有关黄帝制器的传说，史不绝书。《广博物志》云："轩辕作镜镊剃刀。"距今4300年左右的甘肃齐家文化遗址发现有中国境内目前最早的铜镜，李学勤先生注意到，与西方古代铜镜有柄不同，“中国铜镜一开始就没有柄，而是在背面中央设一个穿绳的钮。这种形制一直延续到汉、唐”。其他黄帝制器的说法还包括：“轩辕作锯”，“轩辕作几”，（按，《说文》有载：“凭，依几也。”据考古发掘，“几”有曲几和直几两种，其作用与现代椅子的扶手、靠背相类。古人席地而坐，身体乏累则扶靠于几上，是为“凭几”或“隐几”。《孟子·公孙丑下》曰：“隐几而卧。”）“轩辕作釜甑鼎尊”，“轩辕作针剪”，“轩辕作灯”，“轩辕作胶”，“轩辕作柝”（“柝”系指夜间打更用的梆子），“轩辕作炮”，等等。《物原》亦云：“轩辕作绵索。”韦昭曰：“引绳为绵。”《后汉书·赵咨传》也有言：“棺椁之造自黄帝始。”不仅如此，《史记·封禅书》还说“黄帝采首山铜，铸鼎于荆山下”，蚩尤亦“作金兵”，“铜头铁额”。

（6）黄帝制冠冕、衣裳。《尚书大传·略说》谓：“黄帝始制冠冕，垂衣裳。”《春秋左传正义》孔颖达疏：“《易·系辞》曰：‘黄帝、尧、舜垂衣裳而天下治。’然则，易之布帛，自黄帝始也。垂衣裳，服布帛，初必始于黄帝。”《北堂书钞》注引《魏台访议》云：“黄帝始去皮服布。”《事物纪原》云：“布帛，自黄帝制也。”《广博物志》云：“轩辕作帷帐”“轩辕作帨巾”。《毛传》云：“帨，佩巾也。”《格致镜原》卷四十八引董巴《舆服志》云：“黄帝始造机杼。”（按，“杼”指织梭，机杼即织机。）《淮南子·泛论训》：“后世为之机杼胜复以便其用，而民得以掩形御寒。”此外，黄帝元妃嫘祖，教民养蚕缫丝。南北朝以降，嫘祖更被奉为“先蚕”之神，受到人们的礼赞。宋胡宏《皇王大纪·五帝纪》即云：黄帝“元妃西陵之女嫘祖，亲蚕为丝，以率天下”。《广博物志》亦云：“轩辕妃嫘祖，始育蚕缉麻，以兴机杼，而成布帛。”《五礼通考》引《路史》谓：“黄帝有熊氏命西陵氏劝蚕稼，月大火而浴种，夫人副袆而躬桑。”

（7）黄帝作酒。《本草衍义》卷二十云：“酒自黄帝始，非仪狄也。”《本草纲目》卷二十五注亦谓：“酒自黄帝始。”

其次是精神文明的创造。

谈及黄帝时代的社会状况，《庄子·缮性》用了四个字加以概括：安而不顺。解决应对之策，自然是“文明其精神”。《庄子·在宥》有谓：“昔者，黄帝始以仁义撄人之心。”黄帝时代精神文明领域的发明创造主要涉及天文历法、绘画、医药、文字等诸多方面。

（1）黄帝作星历。众所周知，古代中国作为最早开始农业革命的地区之一，农业生产无疑具有决定性地位。农人生活即日出而作、日落而息，因此对时间标准的确定，不仅必要，而且必需。《尚书》即有“历象日月星辰，敬授人时”的记载。耕作者在长期的生产生活实践中，不断总结和认识到四季、气候、日月、星辰等自然现象与植物生长之间的规律性变化及其关系，认识到粮食作物的播种、耕耘和收获都需要一定的时节。具体到史传文献中的黄帝时代，《史记·历书》即谓：“黄帝考定星历，建立五行，起消息，正闰余，于是有天地、神祇、物类之官，是为五官。各司其序，不相乱也。”《困学纪闻》卷九引《后汉书·天文志》亦云：“黄帝始受河图，斗苞授规日月星辰之象，故星官之书自黄帝始。”《史记·五帝本纪》载：“（黄帝）获宝鼎，迎日推筴。”《史记集解》晋灼曰：“策，数也，迎数之也。”瓒曰：“日月朔望未来而推之，故曰迎日。”《史记索隐》谓：“《封禅书》曰‘黄帝得宝鼎神策，下云‘于是推策迎日’，则神策者，神蓍也。黄帝得蓍以推算历数，于是逆知节气日辰之将来，故曰推策迎日也。”《史记正义》谓：“筴音策。迎，逆也。黄帝受神筴，命大挠造甲子，容成造历是也。”《隋志》云："黄帝创观漏水，制器取则，以分昼夜。"《帝王世纪》曰："黄帝……推分星次，以定律度。天有十二次，日月之所躔也；地有十二分，王侯之所国也。故四方方七宿，四七二十八宿，合一百八十二星。东方苍龙三十二星，七十五度；北方元武三十五星，九十八度四分度之一；西方白虎五十一星，八十度；南方朱雀六十四星，百一十二度。周天三百六十五度四分度之一，一度二千九百三十二星，分为十二次，一次三十度三十二分度之十四，各以附其七宿间。距周天积百七万九百一十三里，径三十五万六千九百九十一里。阳道左行，故太岁右转。凡中外官（星）常明者百二十四，可名者三百二十，合二千五百星，微星之数，凡万一千五百二十星。万物所受，咸系命焉。此黄帝创制之大略也。"《安雅堂稿》亦谓："轩辕作历，史官依序而纪年。"从考古实证的角度看，考古工作者在河南郑州大河村仰韶文化遗址，发现出土的彩陶上绘有30多种精美的太阳纹、月亮纹、星座纹、日晕纹等。特别是山西陶寺遗址发现了与天文历法密切相关的距今4000多年的观象台遗迹，这无疑是五帝时代古人观象授时最好的例证。据此推测，早在农业革命开篇的黄帝时代，人类考定星历应是可能的。

（2）黄帝发明文字。《世本》有云："黄帝使仓颉作书。"张注引汉《仓颉庙碑》云："仓颉天生，德于大圣，四目灵光。"《淮南子·本经训》云："昔仓颉作书，而天雨粟，鬼夜哭。"钱大昕《说文解字注·序》曰："仓颉初作书，依类象形，故谓之文，其后形声相益，即谓之字。"《路史·后纪一》注云："黄帝始有书契。"《过庭录》卷十三谓："黄帝始造文字，六书之义皆出《归藏》。"考古发现的龙山文化卜骨文字及陶文，证明相对应的五帝时代在文字初始期的刻画符号基础上，经过发展创制出了象形文字。据研究，大汶口文化的陶器符号和良渚文化的玉器、陶器上的刻画符号，在形体上已接近于商周文字。凡此皆揭示出黄帝时代文字出现的可能性。

（3）黄帝作画。《事物纪原》引《事始》曰：“黄帝作画，象日月星辰于衣上，以似天。”《论衡·订鬼》引《山海经》：“沧海之中，有度朔之山，上有大桃木，其屈蟠三千里，其枝间东北曰鬼门，万鬼所出入也。上有二神人，一曰神荼，一曰郁垒，主阅领万鬼，恶害之鬼，执以苇索，而以食虎。于是黄帝乃作礼，以时驱之，立大桃人，门户画神荼、郁垒与虎，悬苇索以御凶魅。”考古发现，新石器时代已有岩画和大量刻画符号，以及数量不等的陶文出现，可知农耕定居生活的黄帝时代当有绘画和象形文字的产生。

（4）黄帝制乐。元叶懋仪赋诗赞曰：“大哉帝轩辕，作律明岁纪。垂衣坐彤庭，礼乐由此始。”检校黄帝制乐事迹，《庄子·天运》书之较详，文谓：

北门成问于黄帝曰：“帝张咸池之乐于洞庭之野，吾始闻之惧，复闻之怠，卒闻之而惑；荡荡默默，乃不自得。”帝曰：“女殆其然哉。吾奏之以人，征之以天，行之以礼义，建之以太清。夫至乐者，先应之以人事，顺之以天理，行之以五德，应之以自然。然后调理四时，太和万物。四时迭起，万物循生；一盛一衰，文武伦经；一清一浊，阴阳调和，流光其声；蛰虫始作，吾惊之以雷霆；其卒无尾，其始无首；一死一生，一偾一起；所常无穷，而一不可待。女故惧也。吾又奏之以阴阳之和，烛之以日月之明；其声能短能长，能柔能刚，变化齐一，不主故常；在谷满谷，在坑满坑；涂却守神，以物为量。

其声挥绰，其名高明。是故鬼神守其幽，日月星辰行其纪。吾止之于有穷，流之于无止。子欲虑之而不能知也，望之而不能见也，逐之而不能及也……”

此见“咸池之乐”乃黄帝之乐。《魏书·乐志》亦有云：“黄帝作咸池之乐。”[①]相传黄帝使伶伦造律，铸十二钟，和五音以制乐。伶伦截竹为管，以管之长短分别声音的高低清浊，乐器的音调皆以此为准。乐律有十二，阴阳各六，阳为律，阴为吕。六律为古代乐音标准名，即黄钟、大蔟、姑洗、蕤宾、夷则、无射。《史记·律

---

①有学者研究认为，黄帝与蚩尤之战，某种意义上或可称之为“盐战”。双方争夺的就是盐池，张中海在其作品《黄河传》中提道：“谁拥有了盐，谁就有了无往不胜的战旅，有了税赋，就有了富有钙质的精气神，甚至有了号令天下的权力。”（张中海：《黄河传》，山东人民出版社2021年版，第220页。）笔者2024年9月赴山西陶寺参加“历史学与考古学的对话——中国早期文明与国家起源学术研讨会”，其间参观正在发掘中的一处手工业作坊遗址，看到清理出的一个个如同挂在黄土壁的陶窑，注意到作坊底部旁有半月形坑池，据陶寺考古队领队高江涛先生介绍，坑池壁壤似为盐卤，功用尚不详。我们知道，“盐”是维持人类生命不可或缺的物质，盐也是最早进入人类味蕾的调味佳品。陈藏器《本草拾遗》云：“五味之中，以盐为主。”说明盐在烹饪调味中的核心地位。在北欧神话中，盐更是创造生命之物。传说中母牛欧德姆布拉舔食盐粒，从而“舔”出了第一个人类。盐在许多民族的神话中都是献给神的祭品。联系到山西为我国池盐重要产地，也是新石器时代人类文明早期活动的主要区域，因此，黄帝《咸池之乐》无疑与山西有着莫大关联，因着盐资源的掌控权问题，拉开了黄帝族与蚩尤族的战争，取得胜利的黄帝，为纪念是役（按，或许在战前为明确将士的战役目标——激励其为何而战），创作了中国文明史页上第一首军阵乐歌——咸池（咸池之乐）。从黄帝开启军乐之作，历代帝王多有战役纪胜、纪功的传统，著名者如唐太宗李世民时期的《秦王破阵乐》，以及清康熙帝时的《大驾亲平沙漠还京凯歌》等。不仅如此，山西陶寺遗址被许多业界学者判断为尧都，查考史传文献，尧与《咸池之乐》关系密切。凡此皆说明黄尧部族有着一脉相承的文化经济传统。

书》云：“王者制事立法，物度轨则，一禀于六律，六律为万事根本焉。”黄帝制乐，事见多种史传文献。《魏书·律历志》称：“十二律，黄帝之所作也。”《资治通鉴·后周世宗显德六年》亦谓：“昔黄帝吹九寸之管，得黄钟正声，半之为清声，倍之为缓声，三分损益之以生十二律。”十二律，亦称“律吕”，为中国古代的定音方法，即用三分损益法把一个八度分为十二个不完全相等的半音，相当于把现代音乐使用的传统七声音阶分为十二个“律”，每个律约等于半个音。《世本》云：“伶伦造磬。黄帝使素女鼓瑟，哀不自胜，乃破为二十五弦，具二均声。”《吕氏春秋·古乐》谓：“黄帝令伶伦作为律，伶伦自大夏之西，乃之阮隃之阴，取竹于嶰溪之谷，以生空窍厚钧者，断两节间、其长三寸九分而吹之，以为黄钟之宫，吹曰‘舍少’，次制十二筒，以之阮隃之下，听凤凰之鸣，以别十二律。其雄鸣为六，雌鸣亦六，以此黄钟之宫适合。黄钟之宫皆可以生之，故曰黄钟之宫，律吕之本。黄帝又命伶伦与荣将，铸十二钟，以和五音，以施英韶，以仲春之月乙卯之日，日在奎，始奏之，命之曰‘咸池’。”《太平御览》引《管子》曰：“黄帝作五声，以正五钟。一曰青钟大音，二曰赤钟心，三曰黄钟洫光，四曰景钟昧其明，五曰黑钟隐其帝。五声既调，然后作五行。”《玉海·律历》引《汉志》云：“黄帝制十二钥，以听凤皇之鸣。”此外，《玉海·音乐》并云：“军乐有歌自黄帝始。蔡邕《礼志》曰‘黄帝使歧伯作军乐’，凯歌是也。”据载，铙、磬、箫等乐器，亦皆为黄帝时代的发明。

（5）医家之祖。清丁丙《善本书室藏书志》云：“黄帝作《内经》十八卷，《灵枢》九卷，《素问》九卷，世所奉行。”翻检《汉书·艺文志》，著录有《黄帝内经》《黄帝外经》《黄帝歧伯按摩》

等，至《旧唐书·经籍志》，托名黄帝的医家类著作多达十五种。说明在古人的心目中，医学的发明始于黄帝。正所谓：黄帝者，医家是也！徐渭《古今振雅云笺》亦言："黄帝，医术之祖。"《痧胀玉衡书》后卷云："黄帝始制九针之法，以疗民病。"《搜神记》云："昔皇（黄）帝时，有榆（俞）附者，善好良医，能回丧车，起死人。"颂誉黄帝有起死回生之术。传说黄帝时代，黄帝和与之齐名的歧伯、雷公一起创立了医学。《事物纪原》引《黄帝内传》曰："帝既升为天子，命勾芒等司五行，于是针经、脉诀、天文、地里（理）、卜法、算术、吉凶、丧葬，无不备也。凡伎术，皆自轩辕始。"《帝王世纪》云："黄帝有熊氏命雷公、歧伯论经脉，旁通问难八十一，为《难经》，教制九针，著内、外术经十八卷。"又曰："歧伯，黄帝臣也。帝使歧伯尝味草木，典主医病。经方《本草》《素问》之书咸出焉。"《抱朴子·极言》篇云：黄帝"着体诊则受雷、歧"。意思为黄帝每有身体不适，皆由雷公、歧伯诊治，歧伯切脉，雷公开药。

（6）兵法战阵。黄帝时代部族之间征战不已，由此促进了军事谋略思想与战法的成熟。《事物纪原》卷九引《吴子》序曰："兵法始于黄帝。"据史传，黄帝曾创制并教给士卒作战之阵法。《云笈七签》卷一百引《轩辕本纪》载："（黄帝）又令风后演河图法而为式用之，创十八局，名曰《遁甲》，以推主客胜负之术。"《史记·五帝本纪》之《正义》引《帝王世纪》载："（黄帝）得力牧于大泽，进以为将。黄帝因著《占梦经》十一卷。"唐李靖《李卫公问对》云："黄帝始立丘井之法，因以制兵。"《宋九朝编年备要》注云："黄帝始置八阵法，败蚩尤于涿鹿。"看来，黄帝之所以能统一各部族，与他善用兵法提升军队战斗力是分不开的。

此外，古代典籍中并有以黄帝名义节欲修身、文明其精神的内容。如宋王应麟《汉艺文志考证》引《皇王大纪》曰：“黄帝作《舆几之箴》以警宴安，作《金几之铭》以戒逸欲。”另，李贤注引汉刘向《别录》有谓：“蹴鞠者，传言黄帝所作。”蹴鞠最初用来训练武士，传说始于黄帝。后用于练武、娱乐、健身，战国时已流行。

最后是制度文明的创制。

说到黄帝时代的制度文明，《大戴礼记·虞戴德》曾提到“黄帝之制”。唐杜佑在《通典·帝王谥号议》云：“黄帝始制法度，得道之中，万代不易，后代虽盛，莫能与同。后代德与天同，亦得称帝，不能制作，故不得复称黄也。”显而易见，在黄帝文化的逐流岁月，黄帝时代的制度文明，仍是后人回溯仰望的价值向度。一如《通典》所赞：黄帝之号，乃是“各特行合而言之，美者在上”。黄帝时代，礼文法度，兴事创业，社会治理和制度建设皆粗具规模。《管子·任法》誉评：“黄帝之治天下也，其民不引而来，不推而往，不使而成，不禁而止。故黄帝之治也，置法而不变，使民安其法者也。”而其时制度文明主要有以下几方面：

（1）发明井田制度。《事物纪原》引《通典》曰：“黄帝始经土设井，以塞争端。立步制亩，以防不足。使八家为井，井间四道，此井田之原也。其法肇于黄帝，成于大禹，备于周，坏于秦也。”

（2）明堂制度的发明。明堂为黄帝听政之所。《路史·后纪三》注曰：“黄帝制屋庐，始作明堂。”《事物纪原》引《通典》曰：“黄帝拜祀上帝于明堂。”并谓：“汉时，公王带画《黄帝明堂图》，则明堂要自黄帝始也。”《管子·桓公问》云：“黄帝立明台之议者，上观于贤也。”《文选》则有“思政明台，访道宣室”之文，张铣注曰："明台，明堂也。天子布政之宫。"《太平御览·礼仪部》引《礼记外传》亦谓："明堂，古者天子布政之宫。在国南十里之内，七里之外。黄帝享百神于明廷是也。"

（3）制城画野。建立具有区划意味的行政制度。《册府元龟·列国君部·总序》曰："自黄帝制城画野，得百里之国万区。"《云笈七签》云："黄帝始画野分州，令百郡大臣授德教者，先列珪玉于兰蒲席上，使春杂宝为屑，以沉榆之胶和之为泥，以分土别尊卑之位，与华戎之异帝旁行天下，得百里之国者万区。"《路史·后纪一》注亦云："世谓'黄帝始分土建国'。"

（4）货币制度的发明。《路史·疏仡纪·黄帝》说："（黄帝）于是立货币以制国家用……以制金刀，立五币。"《通鉴外纪》云："黄帝范金为货，制金刀。"元陈桱《通鉴续编》谓："（黄）帝范金为货，制金刀，立五币，设九棘之利，为轻重之法，以制国用，而货币行矣。"《路史·前纪七》云："币款有黄帝金，而又有轩辕金。"《小倦游阁集》卷一谓："黄帝始制币，以通民财。"《正字通》亦谓："自黄帝作货币，后世因有楮币。"

（5）婚嫁制度。明王夫之《周易内传》卷四上云："上古之世，男女无别。黄帝始制婚姻，而匹偶定。然或女出适男家，或男就女室，初无定制。"清袁枚《随园随笔·蹇修伏羲臣》亦云："黄帝始制嫁娶，伏羲时已有媒氏乎。"

（6）刑罚制度。明张岱《夜航船·刑法》云："黄帝始制刑辟，制流、笞、杖、斩。"

（7）图籍制度。《拾遗记》云："（黄帝）置四史，以主图籍。"宋王应麟《小学绀珠·名臣·四史》谓："沮诵、仓颉、隶首、孔甲，黄帝四史官。"

三、黄帝“国家”了？

在司马迁的认识中，黄帝及其五帝时代自然是一种国家形态。只是它尚处国家形态的初级阶段，带有早期国家所具有的一切都不完善的一面。前所述及众多发明集聚于黄帝为代表的时代，反映了限制理论[①]所关注的“资源集中”问题，无疑这也是文明体产生的重要因素。史传文献所载黄帝时代在物质、精神、制度诸层面的创造发明，应该说具备了早期国家的诸般要件，如社会复杂化程度加深，公共权力的设立与行使，控御资源行为中的不自觉的领土意识等，凡此皆显示出初始国家的草创性。

从古文献记载看，黄帝及其五帝时代，无疑属于中华文明进程中的第一阶段——族邦时代或族政、族邦国家时代（族邦亦可称族政，以与王政、皇政相对应）。族邦政治是共主政治，是部族共同体下，“非我族类，其心必异”的血缘共同体政治。罗伯特·路威在其著作《初民社会》中认为，即使在很古老的时代或极简陋的环境中，国家的建立也没有必要以破坏亲属团结为前提。实际情况是，男子公会、年龄级、秘密会所等非血缘组织与家族、氏族等血缘组织并存了千百年。这些组织活动于和亲属群不同的另一个领域，并且很容易取得政治的性质。族邦国家是一个个部族和方国组织的联合体，它是五帝时代部族联盟共同体意识在上层建筑的反映。这一阶段，夷夏的对冲与融合，以缩影的形式集中反映了早期

①限制理论源于美国学者卡内罗（Robert Leonard Carneiro）的《国家起源理论》。该理论认为，由于环境的限制，土地资源的争夺日趋激烈，政治单位的复杂情况和权力集中情况演进到一定程度，国家随之产生。其后作者又对该理论进行了两个补充：即资源集中论和社会限制论。

文明时代的社会内涵与图景。黄帝时代跨地域的战争与冲突，造成广域族邦或族邦共同体的广域化，催生了最早的“天下”意识。

为方便读者理解，这里先阐述一下笔者个人的思考认识：纵观中国古代国家及文明演进的历程，大致可以划分为族邦政治（族政）、王朝政治（王政）、皇朝政治（皇政）三大历史阶段：

第一阶段：族政时代。这是一个文明开化，神守之国[①]初阶的族邦国家或族邦政治时代。这个时代，国家形式既为神守，则国制草昧，巫职色彩浓厚，政教合一。时间上约略与文献所载五帝时代相当，与考古学新石器时代的仰韶文化、龙山文化、良渚文化、陶寺文化等约略对应。

第二阶段：王政时代。这是一个从神守之国向社稷守之国过渡的王朝政治时代。王朝政治也是一种共主政治，是封建制下具备权利赋予与义务约束的领主型共主政治。时间上约略与夏商西周时代相当，与考古学上的登封王城岗遗地、新砦遗址和二里头文化等遗址，郑州商城、偃师商城、垣曲商城、东下冯商城、盘龙城商城、洹北商城和安阳殷墟相关的早商、中商和晚商文化遗址，以及先周文化或早周文化时期的周原遗址、西周时期的丰镐遗址等相对应。

第三阶段：皇政时代。这是一个从王政崩解，逐步过渡到霸政，进而转型为长时段皇朝政治的过程。皇朝政治是对共主政治的超越，是郡县制下的大一统领土国家形态。时间上与东周（春秋战国）以降，历秦、汉、三国、两晋、南北朝、隋、唐、五代、宋、

---

①关于神守之国与社稷守之国的研究，可参见章炳麟的《封建考》。（章太炎：《章太炎全集》第4卷，上海人民出版社1985年版，第112—113页；杨向奎：《中国古代社会与古代思想研究》上册，上海人民出版社1962年版，第160—169页。）

元，直至明清时代相对应。

由上引文献材料疏证黄帝伟绩丰功之荦荦大端，不难看出，族邦国家期的黄帝时代，其物质文明、精神文明和制度文明的创制，神守之国的色彩浓郁。学者彭邦本认为，黄帝“传说固然神奇，却并非先民的向壁虚造，而是有相当的史实素地为真实内涵，因而在考古发掘中大致得到印证。如新石器时代晚期遗址中的蚕茧化石、独木舟、诸多水井和大量器物，无不展示了这一时期物质文化方面的巨大进步。许多器物制作考究精致，而用陶、石、骨、木和金属制作的乐器、礼器及造型艺术品，其器形、文饰、色彩的设计施用，更反映了高超的审美水平、丰富的艺术情趣和强烈的宗教意识，生动地再现了我们祖先多姿多彩的精神生活”。

披览黄帝时代的发明创造，显然非一人一世所能完成，合理的解释，应该是战国以降之文化人吸收和总结了盘古、夸父、有巢氏、华胥氏、伏羲氏、女娲氏、神农氏等传说时代的内容，并据此构建了以黄帝为核心的文化叙事体系。前文所举诸般功绩，就是前黄帝时代和黄帝时代文明诸多元素的集大成，且这些伟业丰功都托于黄帝名下，并为后人认识和接受。黄帝“继天立极，开物成务”，“功化之隆，惠利万世”，无论是驯养牛马、凿井养蚕的物质文明，还是设官治民、监于万国、发明井田的制度文明，又或是发明文字、制定历法的精神文明，都是当时世界上领先的。故孙中山先生祭黄帝文曰：“世界文明，惟有我先。”黄帝或以黄帝名义的“爰启文明”之功绩，无疑是今天黄帝子孙接续创造中华文明的强大精神动力源。

综上，黄帝事迹，说得直白些，就是创立制度、发明工具、人文化成，带领最早的中国进入族邦国家时期。研究历史，人们不难发现，在历史运动的过程中，总会有这样或那样一些特殊的人或人群站在时代的节点或扭转乾坤的枢纽位置，成为改变命运、改变时代、创造生活、创造历史的英雄和巨人。也因此，他或他们的贡献通常被人们视作引领时代前进，推动历史转变的重要因素。这种人和事，越是发生在人类启蒙开化的前卫期，则越具有超越性和永恒性。黄帝在中华民族的谱系中就是这样一位划时代的伟大英雄人物，也是一位善于总结前人经验、富有勇敢开创精神的里程碑式的先哲和智者，“百家言黄帝”“世之所高，莫若黄帝”，颂其为“人文初祖”是名副其实和恰如其分的。正因如此，我们说黄帝文化是中华文化的祖根文化，而黄帝也因此成为中华民族和文化的精神图腾。黄帝信仰，将民族个体的小“我”联结为一个大我的群体——华夏、中华，使得中华文化在部族、民族记忆的传承中生生不息、重构发展。正像《大戴礼记·五帝德》所称礼赞的，黄帝“生而民得其利百年，死而民畏其神百年，亡而民用其教百年”。意思是说，黄帝活着的时候百姓受其恩惠，死了人民将其敬畏如神，历经千百年苍黄风雨，黄帝的思想仍然能感召后人，影响后人。这其实就是在表达黄帝文化、黄帝信仰具有穿越时空的思想魅力与道德感召力。

四、“黄帝之道”与黄帝精神

黄帝文化是部族迁徙和文化传播过程中发生的重要文化现象，是在中国文化区系内，经由众多部族集体性历史记忆的塑造，所形成的民族起源上纷为黄帝后裔的文化认同观念。黄帝信仰的内在精神及其所蕴含的文化价值，早已跨洋越海，成为华人世界共同的具有普遍意义的精神财富。

从思想史的角度去看，黄帝时代对中国古代思想文化的形成与发展颇有贡献，如在有关史籍文献记载中就有“黄帝之道”的概念表述。《周易》郑玄注就提道：“高阳、高辛，遵黄帝之道，无所改。”

据贾谊《新书·修政语上》载：

> 黄帝曰：“道若川谷之水，其出无已，其行无止。”故服人而不为仇，分人而不谭者，惟其道矣。故播之于天下而不忘者，其惟道矣。是以道高比于天，道明比于日，道安比于山。故言之者见谓智，学之者见谓贤，守之者见谓信，乐之者见谓仁，行之者见谓圣人。故惟道不可窃也，不可以为虚也。故黄帝职道义，经天地，纪人伦，序万物，以信与仁为天下先。然后济东海，入江内，取绿图，而济积石，涉流沙，登于昆仑。于是还归中国，以平天下。天下太平，唯躬道而已。

黄帝之道是什么？答曰：“若川谷之水。”这种认识，与主张“上善若水”的老子思想颇为相近。翻检今本《老子》八章，其中就有“上善若水。水善利万物而不争，处众人之所恶，故几于道。居善地，心善渊，与善仁，言善信，政善治，事善能，动善时，夫惟不争，故无尤”的认识与表达。“黄老”一词首见于《史记》，过去，人们说到黄老，总是将其与“无为”和“刑名”之学相联系。其实这与黄帝时代的族邦政治有关，符合族邦政治的需要。“无为”可以说是部族共同体时代，族邦政治的常态化治理模式和表现形态，故如王充所论，“黄老之操，身中恬澹，其治无为，正身恭己，而阴阳自和”；“刑名”则是部族共同体，即族邦面临危机时，需要杀伐以立威的制度和调控治理手段，正所谓“撮名法之要，与时迁移，应物变化”。与后世战国诸子如荀子、韩非等的以“理”释“道”不同，黄帝和老子皆是以“水”释“道”。黄帝将道看作是“川谷之水”，故其行事“其出无已，其行无止”，一切“唯躬道而已”。老子亦以水为道，“水善利万物而不争”。黄帝“躬道”是顺势，老子“不争”也是顺势，于是乎，黄帝之道与老子之道，二者思想在此交汇贯通。

接续前文所引《新书》对黄帝之道的考查和解读，《新书·修政语上》并谓：

> 帝颛顼曰：“至道不可过也，至义不可易也。”是故以后者复迹也。故上缘黄帝之道而行之，学黄帝之道而赏之。加弗损，天下亦平也。
>
> …………
>
> 帝喾曰：“缘道者之辞而与为道已，缘巧者之事而与为巧已，行仁者之操而与为仁已。”故节仁之器以修其躬，而身专其美矣。故上缘黄帝之道而明之，学颛顼之道而行之，而天下亦平也。

关于“黄帝之道”，《鬻子》（卷下）亦多所述记：

> 颛顼，自幼年以翼佐黄帝也。二十而治天下，升为天子也。其治天下也，上缘黄帝之道而行之，因修黄帝之道，而行其政令，不改革也。学黄帝之道而常之，化迹不及，所以效也，效其通道而常用之。

昔者帝喾……年十五而佐帝颛顼，三十而治天下……其治天下也，上缘黄帝之道而明之，言德稍下，不能尽行黄帝之道，但明之而已矣。

上文借黄帝之后颛顼、帝喾治理天下的言行故事，继续讨论何为“黄帝之道”。其中所述及的诸如“至道不可过也，至义不可易也”“行仁者之操而与为仁”的思想，可视作对“黄帝之道”概念及内涵的认识和理解。

另，《大戴礼记·武王践阼》所载周武王与姜尚（姜太公）的对话，对黄帝之道的议论亦颇详。其文谓：

（武王）召师尚父而问焉。曰：“黄帝、颛顼之道存乎意，亦忽不可得见与?”师尚父曰：“在丹书，王欲闻之，则齐矣。”三日，王端冕，师尚父亦端冕。奉书而入，负屏而立。王下堂，南面而立。师尚父曰：“先王之道，不北面。”王行西，折而南，东面而立。师尚父西面道书之言，曰：“敬胜怠者吉，怠胜敬者灭，义胜欲者从，欲胜义者凶。凡事不强则枉，弗敬则不正，枉者灭废，敬者万世。藏之约，行之行，可以为子孙常者，此言之谓也。且臣闻之，以仁得之，以仁守之，其量百世；以不仁得之，以仁守之，其量十世；以不仁得之，以不仁守之，必及其世。”

由上文，武王向姜尚请教“黄帝之道”，以及姜尚向武王陈“道书之言”所讲黄帝之道诸端，不难看出，黄帝之道确为中国古代文化传统和道统的开端和本源。因此，才会有其后为天下士人所推崇的“圣圣相继”的颛顼之道、帝喾之道，乃至尧、舜、禹的道统传承。这其实并不奇怪，农耕民族“逝者为大”“慎终追远”“往者不可谏”的传统，使得各种美誉之词、过饰之誉往往都会一股脑儿叠加在往者、逝者的身上。更何况这些往者、逝者还是一个个开天辟地型的英雄人物。如此，经过岁月的层累构建，一种“黄金古代”的“往圣”观念底定而出。于是黄帝及其五帝时代遂成为诸子百家与后人笔下极尽讴歌的“仁义”“善政”和“美政”时代。上文中“敬胜怠者吉，怠胜敬者灭，义胜欲者从，欲胜义者凶”的内涵描述，无疑就是黄帝“以仁义撄人之心”的治国之道。换个说法，即在中华文明进程的开篇之始，中华民族的先贤先哲就确立起了一个以人文主义为核心的文化传统或者文化道统，这个传统不是培养眼睛朝上的宗教圣徒情绪，而是着眼于个人修身立基的日常小道。一如韦政通先生所言：“主导着两千多年中国人行为的，不是上帝的呼声，而是良心的呼声。”

“黄帝之道”概念的提出，与人们对天下格局的认识和由此升华而出的对黄帝文化理性精神的呼唤相适应。一方面说明“黄帝之道”是中华先哲高度政治智慧的结晶，另一方面体现了“黄帝之道”开放包容、顺天应人的理性气度和胸怀。我们知道，“天下”思想是古代中国传统世界认识观的集大成者，而“黄帝职道义，经天地，纪人伦，序万物，以信与仁为天下先”的社会政治伦理实践，奠定了“天下”思想的基础。其中，“天下太平，唯躬道而已”和“以信与仁为天下先”，具有明显的理性精神和价值引航意义，也是古老而又充满活力的中华文明永不枯竭的源头活水。

第三章

宅兹中国

——“黄帝子孙”说与黄帝文化的传播

清人吴见思有谓：“盖五帝始于黄帝，为我国种族之所自出。”在早期历史文献《国语》中，传说中的“五帝”本于黄帝，同宗黄帝。《国语·晋语》述记，少典氏娶于有蟜氏，生黄帝、炎帝，黄帝长成于姬水，炎帝长成于姜水。按照上古习俗，人常以出生地名其姓，故黄帝为姬姓，炎帝为姜姓。黄帝有子25人，出于4母，分为12姓。《大戴礼记》收录了两篇据说出自孔子的文献，即《五帝德》和《帝系》。这两篇文献集中记述了以黄帝为首的“五帝”系统，其中最为重要的是揭橥颛顼、帝喾、尧、舜同为黄帝子孙，“五帝”同出黄帝一脉。

基于此认识，史学家司马迁作《史记·五帝本纪》，将黄帝置于《五帝本纪》之第一纪，从而正式确立“五帝”同祖同宗说。黄帝文化谱系经此构建，黄帝遂成为中华民族的“人文初祖”。

第一节　“黄帝子孙”说

一、“世之所高，莫若黄帝”

20世纪50年代，杨向奎先生曾撰《应当给“有虞氏”一个应有的历史地位》，提出“有虞氏是不能忽略的一个历史时代”，为虞舜在国史中的地位鼓呼。至于唐虞之前历史传说中炎帝和黄帝的地位，在中华文明谱系中似乎并不存在什么问题，且亦是毋庸置疑的事情。

在神治主义时代，历史传说与神话交融汇合形成有关国家、民族、历史一致性的起源认同，黄帝信仰，无疑是远古时代华夏先民创制、传承的宝贵文化记忆。一句“黄帝子孙”，掷地有声地道出了黄帝在国史、国族文化之记忆与传承中无可替代的价值和地位。

确乎如此，“黄帝子孙”说，作为中华民族对自身历史由来的一种集体性记忆，经过千秋百代国人的传承、弘扬，早已成为国族历史建构的文化起源认同和民族根脉认同。如《国语·周语下》即有“黄、炎之后”的认识表述。东汉马融《广成颂》亦谓：“自黄、炎之前，传道罔记。”《汉书》则称“炎、黄、唐、虞之苗裔”，等等。特别是清末以来不断加深的民族危机，更为这一认同提供了丰富的近代性资源与支持。也因此在民族面临危难的关键时刻，黄帝信仰成为无可替代的巨大精神支柱。一如松本州弘所云："中国近代的革命者都把'黄帝'作为一个目标而崇拜着。"据载，抗日战争时期祭黄帝陵活动就达六次之数，其中国共两党共同祭陵有两次。1937年4月5日，林伯渠受毛泽东、朱德的委派，前往黄陵致祭黄帝。为了这次祭典，毛泽东夙夜不懈，挥笔写下《祭黄帝文》。词曰：

赫赫始祖，吾华肇造；胄衍祀绵，岳峨河浩。
聪明睿知，光被遐荒；建此伟业，雄立东方。
世变沧桑，中更蹉跌；越数千年，强邻蔑德。
琉台不守，三韩为墟；辽海燕冀，汉奸何多！
以地事敌，敌欲岂足；人执笞绳，我为奴辱。
懿维我祖，命世之英；涿鹿奋战，区宇以宁。
岂其苗裔，不武如斯；泱泱大国，让其沦胥。
东等不才，剑屦俱奋；万里崎岖，为国效命。
频年苦斗，备历险夷；匈奴未灭，何以家为？
各党各界，团结坚固；不论军民，不分贫富。
民族阵线，救国良方；四万万众，坚决抵抗。
民主共和，改革内政；亿兆一心，战则必胜。
还我河山，卫我国权；此物此志，永矢勿谖。
经武整军，昭告列祖；实鉴临之，皇天后土。
尚飨！

一代伟人的汗青之作，现如今早已成为传世名篇。奉读斯文，体会中国共产党人恭祭先祖、心系家国，以拯救民族命运为己任的磊落胸怀，仍不免心潮澎湃。

对民族共同始祖的信仰，一方面基于共同血缘关系上的亲和力，一方面缘于共同体意识的归属感和认同感，从而形成巨大的凝聚力和战斗力。当然，黄帝信仰既涉及民族、种族之源，问题自不会如是简单。

譬如为什么一定是黄帝？一如许倬云先生所论：“没有需要英雄的时势，英雄不会出现。”黄帝之所以成为中华民族凝聚力的源头和核心人物，根本原因不仅在于黄帝是中国历史的开端性人物，是中华文明起源的旗帜性人物，还在于他的行为（如阪泉之战、涿鹿之战）与人文初祖的地位和作用等放射了他的影响力，改变了历史的进程与方向。

历史学家范文澜先生曾指出：“古书中有关黄帝的传说特别多……这些传说多出于战国、秦、汉时学者的附会，但有一点是可以理解的，即古代学者承认黄帝为华族始祖，因而一切文物制度都推原到黄帝……《山海经》《大戴礼记》等书记载古帝世系，不论如何分歧难辨，溯源到黄帝却是一致的。历史上唐尧、虞舜以及夏、商、周三代，相传都是黄帝的后裔。”

此外，似应对黄帝、炎帝的序位关系予以说明。据《国语·周语下》记载：“夫亡者岂繄无宠？皆黄炎之后也。”可见，春秋及其以前，在人们的琐谈和认识中，乃是黄炎子孙的说法。在此，不妨引录王树民先生所作的梳理研究，以明梗概：

在以黄帝和炎帝连称时，春秋时连称为“黄炎”，如《周语》下记周灵王的太子晋说：“夫亡者岂繄无宠，皆黄炎之后也。”到战国以后，便改为“炎黄”了，如《汉书·魏豹等传赞》云："周室既坏，至春秋末，诸侯耗尽，而炎黄唐虞之苗裔尚犹颇有存者。"到现在，人们常以"炎黄子孙"为荣，其实应作"黄炎子孙"，方符合古代史实。

二、"繄维黄帝，为国族神"

每个民族都有自己的历史叙事，因着文化传统的不同，每个民族的历史叙事又有着各自的呈现方式。中华民族很早就有着对历史的独特感悟和历史认识自觉，并且很早就形成了向历史借鉴的思想。凭依着"鉴往"一定能够"知来"的自信，历千秋百代之磨砺，经苍黄风雨之洗礼，中华民族以黄帝为"人文初祖"，建构起一个民族的历史信仰和文化信仰。也因此，对历史的沉醉、喜好，以及强固的寻根意识等，几乎成为我们这个民族与生俱来的天性或禀赋。由此也植就了一个民族的理性精神与文化慧根。

从黄帝信仰和黄帝文化可以看出，我们这个民族是采取伦理情感介入的方式，纾解了信仰的饥渴与焦虑。同时，伦理、祖根意识升华为人们内在的情感需求与表达，由此亦阻断了国人皈依、走向一神信仰的可能。对历史的敬畏、对祖宗的礼敬，是中国人近乎宗教般情感的信仰！因为"敬"，仁人志士"我以我血荐轩辕""要留清白在人间"；也因为"畏"，历朝历代企图篡改历史者赓续不绝。放眼历史山河，君不见"雁过留声""青史留名""丹心汗青"，是千秋百代国人祈望"子子孙孙永宝用"的精神价值追求，而"钉在历史的耻辱柱上""遗臭万年"，则是令子子孙孙永远念兹在兹、高度戒惕的历史警示。

1918年，辛亥元老于右任先生由陕北赴关中，清明节到中部县拜谒黄帝陵，后邀约友人编纂《黄帝功德记》。迄1935年书成，于右任先生为之作序，云：

黄帝公孙轩辕氏，实吾中华民族之元祖，吾中华民族有此生息昌大之疆土，有此博大悠久之文化，有此四千余年震烁世界之历史，繄维黄帝，为国族之神。

于史，黄帝既战胜蚩尤，东至于海，西登昆仑，南及交趾，北出幽陵，而开拓中华民族已有之疆土。其子孙之蔓延各地也，如汉族固为其苗裔，而西藏族之羌，回族之安息，苗黎族之禺号，蒙古族之匈奴，东胡族之鲜卑，金人之祖且为黄帝之子清，满清则金人之后也，是皆近世治史者所能考信。是中华民族之全体，均皆黄帝之子孙也。

皇古荒昧，孰启鸿濛？生活文物，孰为大备？黄帝惟为中华民族之始祖，抑又为中国文化之创造者也，其发明制作，除人民衣食住行日常资用者外，尤要者如文字、算术、历数、医药、音乐等，皆万世之资，而一时已备。至于指南之针，辨方定位，迄今为世界交通所大赖，然此犹事功之彰著者言耳，更如至德要道，典籍恒垂，后世玄言，动皆称述。是此精神文教之施，亦万世万类矣。

我中华民族有如此之伟大，中国文明有如此之超远，实黄帝拓殖创造之功也。兹我民族奋图复兴，思缵我远祖之皇烈，国于近世，岂有以四百兆庶众子孙，凭席威灵，而无以遂其国之自由平等？桥山之弓剑可攀！千里万里，千叩万叩，其共誓于我元祖之陵。

于国之初，于岁之春，中央政府倡率扫墓，将有事于桥陵，礼也。斯为天下所未尝有，抑为天下所不可能。追维作始，发扬踔厉，不可不有功德之纪。余昔由陕北而南，赴关中主革命军事，过中部县，曾谒于陵下。兹因动念，约友人将黄帝功德之见于载籍者，撮要录次，即名为《黄帝功德纪》。凡书所有，类多列之，由是以为征考断定，则史家之职也。夫祖德之述，在美盛德之形容，吾民族既有此疆土文物历史矣，其道大光，责无旁贷，重践吾民族东来之路，兹献一编，愿念兹在兹，名言兹在兹也。

先秦史家刘宝才先生指出："于右任先生说出了中国人的心声，也说出了一个意义深远的基本事实：我们中华民族有这富饶广阔的国土，有这博大悠久的文化，有这名扬世界的悠久文明历史，有赖于黄帝精神，黄帝是我们中华民族的光辉旗帜。"

黄帝因其创造了中国最早的文化，被后世尊为中华文化的"人文初祖"。童书业先生有谓："据《世本》等书，衣裳、宫室、舟车、文字、历数、音律等皆黄帝及其臣下所创作。世又传有《黄帝内经》等书，为医学上最古典籍。"如此皇皇功业，皆系之于黄帝，源之于黄帝，自然造就了黄帝作为中华民族始祖信仰、"为国族神"的千古不移地位。

第二节　黄帝文化的传播

一、华侨、华人、唐人街与黄帝文化

随着一批又一批炎黄子孙、中华儿女移居海外，黄帝文化也漂洋过海，传播到世界各地。许多华侨华人都有修家谱、族谱的传统。遍布海外华人圈的各类宗亲联谊组织，就是炎黄子孙传续中华民族血浓于水的文化亲和力和民族凝聚力的最好证明。

可以说，有华侨华人的地方，就有生生不息的黄帝文化。黄帝文化在日本、韩国，在东南亚、澳洲、北美、欧洲，乃至非洲，在全球华人聚居的地方扎下了根。华人走到哪里，中华文化就会传播到哪里。祭祀自己的先祖，不忘自己的根，是中华文化的突出特征。因而，祭祀黄帝成为华侨华人的一种传统。漫步于世界各地的华侨华人聚居区，人们会发现不少地方有祭祀黄帝的祠、堂、观等，甚或有以轩辕黄帝命名的地名、景区、文化公园、建筑物，等等。根据相关媒体报道，胪列旅居法国、英国、美国、加拿大、澳大利亚和赞比亚等国华侨华人祭祀黄帝的相关活动如下：

2016年3月27日，由全球华人寻根拜祖联合会、海外炎黄子孙拜祖大典执行委员会联合主办的首届海外炎黄子孙拜祖大典，在

美国旧金山市政厅广场隆重举行。中国驻旧金山领馆总领事、湾区资深侨领等各界社团代表参加盛会。据主办方估计，拜祖大典当天有数百侨团，超过上千华侨华人参与。

2017年3月19日，美国旧金山华侨华人齐聚市政厅广场，隆重举办拜祖大典，礼拜中华人文初祖轩辕黄帝。中国驻旧金山总领事、加州众议员、旧金山湾区侨领等参加了大典。本次拜祖大典由海外炎黄文化传承基金会主办、美国华商总会承办。

2017年，农历三月三前夕，澳大利亚的华侨华人，在悉尼首次举办澳洲华人恭拜黄帝大典。至2024年，已经连续举办八届恭拜轩辕黄帝大典。

2018年4月8日，由海外炎黄文化传承基金会主办，美国华商总会协办，中国黄帝故里拜祖大典组委会和中国黄帝文化基金会支持的第三届海外炎黄子孙拜祖大典在旧金山市政厅广场隆重举行，社会各界近2000人参加了拜祖活动。

2018年4月15日，戊戌年澳洲华人恭拜轩辕黄帝大典在澳大利亚悉尼市新南威尔士大学会议中心隆重举行，来自澳洲各地的600位华侨华人代表参加了此次拜祖活动。

2019年3月31日，800位澳洲华人代表在澳大利亚悉尼市著名的文化遗产马里克维尔市政厅举行乙亥年澳洲华人恭拜黄帝大典，纪念中华文明始祖黄帝诞辰，为中华民族祈福，为世界和平祈愿。在澳华人不忘本源，铭记来路。恭拜黄帝活动受到了在澳华人和澳洲社会的响应与欢迎。

2019年3月31日上午，旧金山市政厅广场举行海外炎黄子孙拜祖大典，数千名海外华侨、华人、华裔遥拜轩辕黄帝。

2019年4月6日，农历三月三，在加拿大多伦多地区的万锦市，举行了首届海外华侨华人祭祀轩辕黄帝诞辰典礼。

2020年3月10日，由中国国际文化交流协会、法国华侨华人会、联合国教科文合作项目国际青少年文化艺术交流会、法中联谊委员会、法国侨报社联合主办的首届法国华侨华人恭拜黄帝大典，在巴黎的法国华侨华人会会址举行。此次大典受到当地华侨华人的关注和欢迎。

2020年3月15日，由英国同乡会主办，中英科技创新平台承办，以“同根同祖同源，和平和睦和谐”为主题，首次在英国举办恭拜轩辕黄帝活动。本次拜祖活动，共有来自英国各地的数百个华侨华人家庭参与，英格兰、苏格兰、威尔士等多地政府和机构纷纷发来祝福。本次恭拜轩辕黄帝活动，既是中英文化交流的新方向、新开端，也表达了英国华侨华人崇宗敬祖，铭记华夏子孙根脉传承的真切心声。

2020年3月15日，第五届海外炎黄子孙拜祖大典，在旧金山以“网络视频拜祖”的形式成功举办。

2020年3月15日上午，一场具有浓郁中国风的文化活动在赞比亚首都卢萨卡拉开帷幕，在黄帝像前，华侨华人和赞比亚友人一起，举行了简单而又庄重的庚子年恭拜黄帝大典开幕仪式。这是炎黄子孙第一次在非洲大地举行的黄帝纪念活动。

2020年3月21日，由中国国际文化交流协会、澳大利亚中国和平统一促进会、澳大利亚爱而思文化协会共同主办的澳大利亚第四届华侨华人恭拜黄帝大典，在悉尼费尔菲尔德市会议中心举行。受新冠肺炎疫情影响，拜祖活动调整为精简仪式和网络直播相结合的形式。

2021年3月23日，遵循“三月三，拜轩辕”的传统，由海外炎黄文化传承基金会主办，美国华商总会协办的第六届海外炎黄子孙拜祖大典，在美国旧金山湾区的圣拉蒙市新硅谷离岸发展中心成功举办。面对新冠肺炎疫情的影响，本次祭典采取分时分段方式，分别在4月5日和4月6日举行拜祖活动。

2021年4月10日，由中国国际文化交流协会、法国华侨华人会、联合国教科文组织国际青少年文化艺术交流会和旅法侨团共同主办，以“同根同祖同源，和平和睦和谐”为主题的法国华侨华人第二届恭拜黄帝活动在法国和中国同时举行。

2021年4月10日，辛丑年澳大利亚华侨华人恭拜黄帝大典，在悉尼市卡拉玛塔会议中心圆满成礼。此次祭典活动由中国国际文化交流协会、澳洲中国和平统一促进会、澳大利亚国际文化产业协会、澳大利亚爱而思文化协会等共同主办，当地华侨华人与各界代表200多人现场参加了恭拜黄帝大典活动。祭典期间，主办方还在悉尼中国非遗馆举办了“2021年中原书画与非遗展”。澳洲拜祖活动的连续成功举办，也为中澳经贸合作、文化交流搭建了新的平台。

2022年3月27日，第七届海外炎黄子孙拜祖大典，在旧金山湾区的圣拉蒙市新硅谷离岸发展中心举行。

2023年4月2日，由海外炎黄文化传承基金会主办、美国华商总会协办的第八届海外炎黄子孙拜祖大典在旧金山市政厅广场隆重举行。作为在海外华人中极具影响力和标志性的文化名片，此拜祖大典已成为中国传统文化在海外发扬光大的一个重要平台。

2023年4月9日，由英国黄帝文化创新发展基金会主办，英国伦敦华埠商会、中英科技创新平台承办的癸卯年英国华侨华人恭拜轩辕黄帝大典，在伦敦唐人街广场隆重举行。来自英国各地的侨领、侨团、商会代表、宗亲组织负责人、中国留学生代表及各界侨胞汇聚一堂，共拜始祖，祈福中华。

2023 年 4 月 15 日，癸卯年澳大利亚华侨华人恭拜黄帝大典在悉尼马里克维尔市政厅隆重举行。此次祭典活动由澳大利亚国际文化产业协会、澳大利亚爱而思文化交流协会、澳大利亚非物质文化遗产发展研究中心、澳洲潮州同乡会等联合主办，得到众多在澳华社及各界人士的大力支持。通过网络直播，场内场外两万多华侨华人共同参与了这一传统的文化盛典。

2024 年 3 月 24 日，河南郑州新郑甲辰年黄帝故里拜祖大典英国同拜活动（甲辰年英国华侨华人恭拜轩辕黄帝大典）在伦敦唐人街隆重举行。大典秉持“同根同祖同源，和平和睦和谐”的主题，设置“龙狮盛世、敬献花篮、净手上香、恭拜始祖、恭读拜文、高唱颂歌、乐舞敬拜、祈福中华、天地人和”九项仪程。

2024 年 3 月 31 日，河南郑州新郑甲辰年黄帝故里拜祖大典美国同拜活动（第九届旧金山海外炎黄子孙拜祖大典），在美国旧金山市政厅广场隆重举行。千余名海外华夏儿女齐聚美国，参加拜祖仪式，遥拜人文始祖轩辕黄帝，共同祈愿和平和睦和谐。

2024 年 4 月 7 日，甲辰年澳大利亚华侨华人恭拜轩辕黄帝大典，在悉尼市中心艾士菲市政厅隆重举行。中华人文始祖轩辕黄帝的巨幅坐像矗立于舞台中央，盛放的鲜花装点着祥和的会场。仪式现场，嘉宾们纷纷换上富有民族特色的唐装，佩戴黄丝巾，手捧轩辕黄帝祈福牌，庄重而虔诚。这也是中国河南郑州新郑甲辰年黄帝故里拜祖大典澳大利亚同拜活动的组成部分，为延续河南郑州新郑黄帝故里拜祖大典一贯礼制，澳洲同拜活动设置了“迎拜始祖、敬献花篮、奠帛进馔、恭拜始祖、恭读拜文、高唱颂歌、乐舞敬拜、祈福中华、世界和平”九项仪程。

美国的匹兹堡大学设计出30间国际文化教室，由来自不同国家和地区的人们捐资修建，以体现一个国家或民族的文化风格。其中的中国风格教室就是由一些普普通通的华侨筹资修建。这间中国教室雕梁画栋，房间顶部有118圈金字，写着黄帝、尧、舜、禹、汤、关公、花木兰等中国古代圣贤英雄的名字，这些名字已经成了维系海外华人祖根记忆的文化符号和血缘情感的纽带。海外华人之所以能够在所在国生生不息，并且有所建树，除了工作勤奋、吃苦耐劳外，很大程度上，乃是缘之于包括黄帝文化在内的中华文化传统，于润物无声中所起的凝聚与激励作用。

此外，陕西黄陵、河南新郑、浙江缙云三地在开展祭黄活动的同时，积极发挥黄帝文化在联络海外华侨华人中的桥梁纽带作用。例如，从2017年开始，新郑黄帝故里与美国旧金山和澳大利亚华侨华人社团，联合举办农历三月三同拜黄帝活动，从而为海外黄帝文化的传播赋予新形式、注入新动能；浙江缙云仙都黄帝祠宇于2015年被中国侨联评为首批“中国华侨国际文化交流基地”。自1998年重建黄帝祠宇以来，浙江缙云每年以海峡两岸民祭、海外侨胞公祭为主题，全面开展海内外寻根问祖联谊、宗亲姓氏联络等活动，连续二十余年组织8000多名港澳台同胞及海外侨胞参加黄帝祭典活动。

二、始祖信仰与文化认同

论及黄帝文化及其历史渊薮，在过去人们的认知中，黄帝自然是在北方，但这种认识却不一定全面。确切地讲，黄帝的故事起源，确乎在北方，但黄帝文化一定在中华大地的南北西东广泛传播，扎根于广袤的华人世界。如此我们才能解释为什么海内外中华儿女都以自己是黄帝的子孙而骄傲和自豪。近年来随着对地方性文化叙事的关注，以及各地考古发掘所带来的新发现和新收获，人们开始放宽研究和思考的视界，重新审视、解读包括黄帝在内的文献典籍中关于“五帝”等的传统知识构建问题。就此而言，黄帝及其文化或源出于北方，但在一定意义上，可以说有中国人的地方就有黄帝信仰和黄帝文化。

从先秦时期黄帝信仰的萌发及其文化的勃兴，到两汉时期黄帝文化的传承、重构与发展；从三国两晋南北朝时期对黄帝文化的重视，到隋唐时期黄帝文化的建设与发展；从宋代义理学风下，对黄帝文化的新认知与阐释，到明清时期对黄帝文化的总结，以及近代和现代对黄帝及其文化的再认识、再发现和再研究——纵观两千多年来不同时期的黄帝信仰和黄帝文化，虽起落不定，因时而异，但始终薪火相传，根深叶茂，形成了独具特色、完整丰富的自主知识体系和具有鲜明始祖信仰与文化认同的文化标识。

作为民族祖先的黄帝，其族群演进，经历了一个部族联合体逐步整合、扩容，进而发展壮大的漫长过程。

在年代较早的西周文献《逸周书·尝麦解》[①]中，就记载了黄帝、炎帝与蚩尤的史事。文谓：“蚩尤乃逐帝，争于涿鹿之河(阿)，九隅无遗。赤帝大慑，乃说于黄帝，执蚩尤，杀之于中冀，

---

①据李学勤先生研究，“《尝麦》的文字很多地方类似西周较早的金文，可见此篇的时代不能太晚。篇中引述黄帝、蚩尤以及启之五子等故事，与《吕刑》穆王讲蚩尤作乱、苗民弗用灵等互相呼应，其时代当相去不远。篇中王所说‘如木既颠厥榴’的比喻，疑指昭王南征不复而言。据此推想，《尝麦》有可能是穆王初年的作品”。参见李学勤：《古文献丛论》，上海远东出版社1996年版，第94页。

以甲兵释怒。”这里，《尝麦》只讲了黄炎联盟与蚩尤的战事，未曾道明黄、炎、蚩三方之间的关系。但是到了《国语》的叙事里面，黄、炎、蚩三方关系则变得逐渐清晰起来，文曰：“昔少典娶于有蟜氏，生黄帝、炎帝。黄帝以姬水成，炎帝以姜水成。成而异德，故黄帝为姬。炎帝为姜。”由此，黄、炎关系已是一奶同胞的血亲兄弟。及西汉史学家褚少孙补《史记・建元以来侯者年表》，书录田千秋谏武帝书的一段话，其中有谓：“子弄父兵，罪当笞。父子之怒，自古有之。蚩尤畔父，黄帝涉江。”到了近年新刊布的清华简《五纪》，则又有了“黄帝有子曰蚩尤”的旧学新知。史传文献的起承转合间，黄帝与蚩尤的关系，似乎也变成了“妥妥的”父子关系。至于这个父与子的名分，到底是亲还是疏，是血缘关系的父与子，抑或是社会性关系的一种泛称，基于对文献和历史认知的不同，相信这种讨论还会继续下去。但无论怎样，黄帝、炎帝和蚩尤关系的相近性及其亲缘度是古人的共识，这一点应无大的问题。

我们注意到，李学勤先生曾经提出过文明进程中文化“场”的分析概念。考古发掘表明，中国在五帝时代从北到南的广域范围，形成了某种意义上我中有你、你中有我的一个个不妨名之为“XX”考古学文化的“场”，即从北到南考古发掘的各个点位，都发现有文化彼此互鉴相类的共同点和文化元素。回到史传文献黄帝故事的主场，《史记・五帝本纪》记载“黄帝二十五子，得其姓者十四人”，用易华《夷夏先后说》中的说法，“如此繁衍，数十代之后举国皆可为黄帝后裔”。于是，在黄帝文化的叙事场域，我们看到，黄帝族在四方征战中接续胜利，地盘不断扩大，最后的结果是，不仅炎帝加盟，二族结成黄炎联盟，就连蚩尤部族也是经由一战再战之后整合到黄帝一系。从此，黄帝、炎帝和蚩尤，你好我好大家好，你亲我亲大家亲，成了一家人。不过，辈分、大小还是要有所讲究，黄帝坐老大，炎帝为小弟，三人中蚩尤最年轻，则屈就一下，为黄帝子，谁让蚩尤最是少相呢？其后，三皇、五帝[①]中的伏羲、神农，以及颛顼、帝喾、尧、舜，夏、商、周三代之始祖——禹、契、弃，及秦、楚、吴、越诸国，乃至匈奴等周边诸族，陆陆续续被纳入归拢到黄帝谱系。[②]这项大文化工程的完成系在汉代，其中，《大戴礼记》之《五帝德》《帝系》篇借孔子代言，与司马迁的《史记·五帝本纪》等的黄帝叙事，将五帝中的其他四帝颛顼、帝喾、尧、舜都打上了黄帝的血缘印记，成为黄帝的子孙。如此，黄帝便由在初黄帝族的祖先，经过一代代族群叙事的层累建构，最终成为华夏、汉，乃至中华民族共同的文化祖先。

---

①按，“三皇”一般多以孔安国《书序》中的“伏羲、神农、黄帝”持说，“五帝”则以司马迁《史记·五帝本纪》中的“黄帝、颛顼、帝喾、尧、舜”持说。据童书业先生考订，三皇之说有七：（一）天、地、泰三皇（《史记·秦始皇本纪》）；（二）天、地、人三皇（《春秋纬·命历序》等书）；（三）燧人、伏羲、神农（《尚书大传》《礼纬·含文嘉》等书）；（四）伏羲、女娲、神农（《春秋纬·元命苞》等书）；（五）伏羲、神农、祝融（《白虎通义》等书）；（六）伏羲、神农、共工（《通鉴外纪》）；（七）伏羲、神农、黄帝（《伪古文尚书·孔安国序》《帝王世纪》等书）。五帝之说有五：（一）黄帝、颛顼、帝喾、尧、舜（《大戴礼记·五帝德》《史记·五帝本纪》等书）；（二）太皞、炎帝、黄帝、少皞、颛顼（《吕氏春秋·十二纪》《礼记·月令》等书）；（三）黄帝、金天氏、高阳氏、高辛氏、陶唐氏、有虞氏（郑玄以为“德合五帝坐星者称帝……实六人而称五者。以其俱合五帝坐星也”。《礼记·曲礼上》《正义》引）；（四）少昊、颛顼、高辛、陶唐、有虞（《伪古文尚书·孔安国序》《帝王世纪》等书）；（五）伏羲、神农、黄帝、唐尧、虞舜（《皇王大纪》）。参见童书业：《春秋史》，《童书业著作集》，中华书局2008年版，第25—26页。

②详请参见司马迁《史记》之《夏本纪》《殷本纪》《周本纪》《秦本纪》《楚世家》《吴太伯世家》《越王句践世家》《匈奴列传》等篇。

有关黄帝系统文化叙事的建构，今天回过头去看，应当讲，既基于史事传说，同时也是一种超越性认识。黄帝子孙说和黄炎子孙说的成立，无疑是国家统一、民族融合、文化认同的结果。我们说黄帝是中华民族的“人文初祖”，不是简单地从血缘谱系出发，而是从更为广谱的文化意义出发，从文化认同的立场出发，即从文化谱系出发来认识这个问题。检校历史，不难发现，古代中国念兹在兹、言兹在兹的是文化之别。并且这个“别”是基于族类文化之“别”，一经“以夏变夷”，人文化成，就会一变而为“夷狄进中国则中国之”，则这个“别”也就不存在了。因此，对黄帝“人文初祖”的认知，是人们心理文化认同的一个符号、一种象征。民族祖先的认同，既基于生物性基础，也基于社会性基础。就此而言，有些学者单纯从生理学或生物学的角度分析，进而对黄帝的共祖身份提出诘难，似无必要。

基于上述分析，可以确定的是，黄帝在古代中国的文化谱系中，不仅被农耕民族奉为始祖，也为游牧民族所尊奉。

东汉末以降，古代中国经历自三国开场，到十六国南北朝的民族大动荡、大分化、大迁徙时期。民族的交流与融合、文化的重构与认同，均步入一个新的发展阶段。与之同步，历史也进入一个对黄帝及其文化认同和肯定的新时期。作为前奏，新莽时期，王莽就有了认黄帝为祖先的行为。如《资治通鉴·汉纪·王莽》载：“（莽）自谓黄帝、虞舜之后，至齐王建孙济北王安失国，齐人谓之王家，因以为氏。故以黄帝为初祖，虞帝为始祖。”三国曹魏政权也宣扬其“根红苗正”，乃黄帝之后。《三国志·魏书·武帝纪》云：“其先出于黄帝，当高阳世，陆终之子曰安，是为曹姓。”西晋建立后，掌权的司马氏集团，亦步趋曹魏奉祀黄帝之轨辙，归其宗为黄帝一系。《晋书·宣帝纪》载：“其先出自帝高阳之子重黎，为夏官祝融……及周，以夏官为司马。”

案诸史籍，十六国南北朝时期，无论是前赵建立者刘渊（系出匈奴）、前燕建立者慕容皝（系出鲜卑）、夏的建立者赫连勃勃（系出匈奴）、前秦的建立者苻洪（系出氐）、后秦的建立者姚苌（系出羌），还是南北朝时期北魏的建立者拓跋珪（系出鲜卑）等，都自认其脉出自黄帝一系。顾炎武《日知录》指出：“汉以来匈奴他部，如尔朱宇文之类，往往祖黄帝，称昌意后。”翻检史籍，如前燕名将慕容恪的祖父慕容廆，时任西晋武将，《晋书》有其传，云：“慕容廆，字弈洛，瓌昌黎棘城鲜卑人也。其先有熊氏之苗裔，世居北夷，邑于紫蒙之野，号曰东胡。其后与匈奴并盛，控弦之士二十余万，风俗官号与匈奴略同。秦汉之际为匈奴所败，分保鲜卑山，因以为号。”《晋书·苻洪载记》云：“苻洪，字广世，略阳临渭氐人也。其先盖有扈之苗裔（按，有扈氏为姒姓，系出禹夏。《史记·夏本纪》云：‘禹者，黄帝之玄孙。’），世为西戎酋长。始其家池中蒲生，长五丈，五节如竹形，时咸谓之蒲家，因以为氏焉。”《晋书·姚弋仲载记》记载：“姚弋仲（按，系后秦开国之君姚苌之父），南安赤亭羌人也。其先有虞氏之苗裔。禹封舜少子于西戎，世为羌酋。”即便是后赵以残暴名史的石虎，据载也曾敕令说：“三载考绩，黜陟幽明，斯则先王之令典，政道之通塞。魏始建九品之制，三年一清定之，虽未尽弘美，亦缙绅之清律，人伦之明镜。从尔以来，遵用无改。先帝创临天下，黄纸再定。至于选举，铨为首格。自不清定，三载于兹。主者其更铨论，务扬清激浊，使九流咸允也。吏部选举，可依晋氏九班选制，永为揆法。”据刘家和先生研究，石虎下书令文中的“三载考绩”“黜陟幽明”，是传说中的舜制定的制度。像石虎这样的人也说要遵循尧舜以来的先王之道，所不同的只是最高统治者的民族身份而已。因此，我们在西晋灭亡后的北方看到了西罗马灭亡后的欧洲所不能看到的现象：中国政治史上的连续性甚至在北朝时期也没有中断。至北魏，《魏书·序纪》云：“昔黄帝有子二十五人，或内列诸华，或外分荒服，昌意少子，受封北土，国有大鲜卑山，因以为号……黄帝以土德王，北俗谓土为拓，谓后为跋，故以为氏。”《北史·魏本纪》亦载：“魏之先出自黄帝轩辕氏。”《资治通鉴·晋纪三十二·安帝隆安二年》：“十二月，己丑，魏王珪即皇帝位，大赦，改元天兴……用崔宏议，自谓黄帝之后，以土德王。”

众所周知，三国两晋南北朝是中国历史上民族融合的重要历史时段。十六国诸多君主在其族系源流上，采取的奉祀黄帝的文化认同行为，以及北魏开国者拓跋珪的“自谓黄帝之后”和其后孝文帝拓跋宏顺应历史潮流，所采取的大力弘扬儒学等一系列汉化改革措施，对促进统一多民族国家的形成与巩固以及中国古代文明的发展作出了重要的贡献。19世纪，法国著名社会学家涂尔干在他的《社会分工论》中提出了一个重要命题——“道德释放”。窃以为，发生在中国历史上的诸多民族政权纷为黄炎之后的史事，充分印证了涂氏命题的合理性。“黄帝苗裔”说的出现，既是现实的需要，更是黄炎为代表的华夏文化传统，经代代传承积淀如厚德般“道德释放”产生的强大向心力和感召力的结果。

在中华发展演变的过程中，迄至宋、辽、西夏、金时期，辽朝之契丹族也称自己系出黄炎一脉。《辽史·世表一》有谓：“庖牺氏降，炎帝氏、黄帝氏子孙众多，王畿之封建有限，王政之布濩无穷，故君四方者，多二帝子孙。而自服土中者本同出也。考之宇文周之《书》，辽本炎帝之后，而耶律俨称辽为轩辕后。”2003年，辽宁阜新蒙古族自治县平安地乡阿汗土村宋家梁屯北山辽墓出土了一方《永清公主墓志》，墓志铭文在记述辽永清公主的身世时便直言不讳地说：“原其姓耶律氏，景宗孝章皇帝之嗣女也……盖国家系轩辕黄帝之后。”至于西夏政权，据吴忠礼先生考证，“至今仍生活在羌人发祥地的党项人后裔，还自称‘木雅’，转音为‘弭药’。实际上‘雅’乃‘夏’的同音假借字，故‘木雅’也就是‘西夏’的转音。因此，党项人与大禹夏后氏（夏族人）族系同为古羌之裔，三千年之后，党项建立自己的政权，重以‘夏’为国名，当然是名正言顺而又有纪念祖先的意义了。”看来建立西夏之党项人，之所以名其号曰“夏”，是因为其祖源为大禹，乃“有夏之后”。

周伟洲先生认为：“在中国历史上，有一种中外学者称之为‘四裔华夏起源说’和‘民族一元论’的理论，它起源于春秋战国时，形成于秦汉时代。春秋时，黄河中下游华夏族的政治家们因四周戎狄的‘交侵’而提出‘尊王攘夷’的口号，并开始设计了一种理想的政治模式，即中央是华夏族的王畿，外围是华夏族的诸侯方国，再外则是蛮、夷、狄、戎的‘四夷’。这就是所谓的‘服事制’（五服或七服）。由此又产生了四裔（四夷）起源说，即认为四夷原是惰民、罪犯，故被放逐到边裔，形成蛮夷狄戎四方之民。”在周伟洲先生看来，这或许就是“四裔华夏起源说”的雏形。至于“四裔华夏起源一元说”，据顾颉刚先生分析：“到了战国时，许多小国并吞的结果，成了几个极大的国，后来秦始皇又成了统一的事业。但各民族间的种族观念是向来极深的，只有黄河下游的民族唤作华夏，其余的都唤作蛮夷。疆域的统一虽可使用武力，而消弭民族间的恶感，使其能安居于一国之中，则武力便无所施其技。于是有几个聪明人起来，把祖先和神灵的‘横的系统’改成了‘纵的系统’，把甲国的祖算作了乙国的祖的父亲，又把丙国的神算作了甲国的祖的父亲。他们起来喊道：‘咱们都是黄帝的子孙，分散得远了，所以情谊疏了，风俗也不同了。如今又合为一国，咱们应当化除畛域的成见！’……匡济时艰，使各民族间发生了同气连枝的信仰。”

还是回到司马迁，《史记》之《五帝本纪》《夏本纪》《殷本纪》《周本纪》记载族邦时代黄帝、颛顼、帝喾、尧和舜五帝，以及王国时代夏、商、周三代王族的源流，无疑是将其当作“同仁一视”的同族一系来看待，反映出作为族邦共同体主体的五帝族系和三代族系的连续性与稳定性。司马迁的认识有其坚实的理据，《尚书·无逸》记载：“周公曰：呜呼，自殷王中宗，及高宗，及祖甲，及我周文王，兹四人迪哲。厥或告之曰：小人怨汝詈汝，则皇自敬德。厥愆，曰：朕之愆。允若时，不啻不敢含怒。”周公这段话不仅强调了鼎革易代下政治传统的连续性问题，而且也表达了周人是殷商忠实的政治遗产继承人。春秋战国时期，先秦诸子思想家们多倾向于以华夏族为中心，兼容并蓄四夷、八蛮、七闽、九貉、五戎、六狄，其思考的原点，便是“以夏变夷”的“四裔华夏起源说”。如孟子亦云：“舜，东夷之人；文王，西夷之人。”“先圣后圣，其揆一也。”“吾闻用夏变夷者，未闻变于夷者。”刘家和先生注意到：“西晋以后，公元四至六世纪间，中国南北分裂，但是学术传统并未中断。在分裂时期，经学曾经分为南北两支。引人注目的是，北方以少数民族为主要统治者的地区，经学仍然遵循汉儒传统（《易》《书》《礼》皆用郑玄注，《诗》用毛诗，《左传》用服虔注），而南方经学却受了魏晋玄学的影响而有所不同（《易》用王弼注，《书》用伪孔安国注，《左传》用杜预注，《诗》用毛传，

《礼》用郑玄注)。相形之下，北方经学也比南方经学兴盛(《宋书》《南齐书》甚至无儒林传，而《魏书》的儒林传是很充实的)。同样引人注目的是，南北朝时期也是中国古代史学的一个繁荣时期。就以北方最混乱的十六国时期来说，史学不仅未断，还相当繁盛。据《隋书·经籍志·霸史》《史通·古今正史·十六国史》等记载，十六国的史书就有二十六种、二百七十一卷(其中三种不知卷数，未计)。这种情况不仅非四至六世纪的西欧可比，而且在世界古代史上也是很少见的(在那样混乱情况下史学还那样不断传统)。”在多个民族政权的并立期，这种学术传统的同气连枝与一脉相承，无疑是中国境内各民族在中华文化圈长期濡染融合、文化认同的结果。

自先秦五帝时代开其先河，经王政时代进一步锻造，至皇朝政治期，在中国文化区系内，人文化成的各族奉祀始祖黄帝，以及“一体”“一圈”思想的形成，是当时“一政”“定于一”和“大一统”时势与诸子百家思想诉求发展之使然。从这个意义上说，中华民族的一体思想与文化，以缩影的形式聚焦在人文初祖黄帝的身上，并非人们的向壁虚构，而是渊源有自、有本所据。

从目前情况分析，据不完全统计，全国有关黄帝传说的文化遗迹，达百余处之多，其中以陕西黄帝陵、河南新郑黄帝故里、浙江缙云黄帝祠宇和河北涿鹿、安徽黄山，最具代表性，它们一方面是黄帝文化传播与影响的标志性地区，另一方面也折射出黄帝部族的迁徙轨辙，以及黄帝文化圈的演进样态。兹依宫长为先生的研究和粗略统计，综览北方地区，黄帝文化遗迹概有：

在北京，平谷有轩辕庙、黄帝陵；延庆有阪山、阪泉、蚩尤城等。

在河北，磁县有黄帝庙；涿州有蚩尤冢；涞水有釜山；徐水有釜山、黄帝台；涿鹿有釜山、涿鹿山、蚩尤泉、蚩尤城、蚩尤坟、炎帝营、黄帝泉、黄帝城、轩辕庙、轩辕台、桥山等。

在山西，绛县有黄帝庙；曲沃有轩辕庙；汾阴有轩辕扫地坛；运城有蚩尤城；太原有黄帝庙、轩辕庙、阪泉山、阪泉神祠；襄汾有轩辕庙；洪洞有黄帝庙等。

在山东，巨野有蚩尤冢；汶上有蚩尤冢；曲阜有寿丘等。

在河南，新郑有轩辕丘、轩辕庙、具茨山、荆山黄帝陵；新密有轩辕门、黄帝宫；扶沟有黄帝庙；宜阳有黄帝庙；灵宝有黄帝铸鼎原、黄帝庙、古轩辕陵；偃师有轩辕山；叶县有轩辕炉；禹州有崆峒山、黄帝避暑洞；济源有轩辕殿等。

在陕西，黄陵以外，城固有黄帝庙；三原有铸鼎荆山；淳化有甘泉山明庭、黄帝圜丘；长安有黄帝坛、百神坛、赤帝坛等。

在甘肃，庆阳有黄帝陵；平凉有轩辕宫、崆峒山、望驾山；正宁有黄帝庙；合水有轩辕庙；天水有轩辕丘、轩辕谷、轩辕溪；清水有轩辕谷；华亭有轩辕寓；成县有轩辕庙等。

南方地区，黄帝文化轨迹概如：

在浙江，缙云以外，嘉兴有蚕神庙，湖州有供奉嫘祖的东岳宫和蚕花节；浦江有元修庙；金华有金华山等。

在安徽，六安有轩辕岭；黄山有炼丹峰、轩辕峰、紫烟流等；歙县有轩辕宫等。

在湖北，宜昌有西陵山、嫘祖峰、古轩辕洞、嫘祖庙、玄嚣洞等。

在湖南，龙山有轩辕宫；湘阴有凤凰台、神鼎、鼎湖等。

在重庆，北碚有缙云山等。

在四川，新津有轩辕庙；盐亭有嫘祖殿、嫘祖墓、嫘祖湖、嫘祖阁、嫘祖堂、嫘轩宫、云毓山、蚕丝山、藏丝洞、丝姑庙等。

需予以说明的是，黄帝文化信仰不仅在祖国大陆源远流长，在海峡彼岸的宝岛台湾，也是传承悠远。其中黄帝祭典已成为沟通海峡两岸儿女、海内外华人的重要桥梁。考古学家石兴邦说：“台湾有一个黄帝庙，修盖得很好，我也去过那里。我深切感到，尽管两岸分隔这么久，无论官方学术界还是民间学者，都有着同根同宗的认同，都是炎黄子孙。”据了解，台湾地区自1951年起，每年清明节在台北圆山忠烈祠举行遥祭黄帝陵典礼。祭祀典礼一般由台湾地区领导人遣员主祭，后由专门机构负责。马英九就任台湾地区领导人后，在2009年、2012年、2013年清明节来临之际，三次主持对黄帝的祭礼。除了在台湾当地祭祀黄帝外，中国国民党等还派员参加大陆祭祀黄帝活动，形成海峡两岸共祭轩辕黄帝的盛举。

1957年，台湾地区史学家王寒生，在台湾创立了以黄帝为崇奉对象，以“继轩辕道统、恢复中国固有宗教”“启发中华民族魂”为目的，并以“黄帝子孙都来归宗”为口号的“轩辕教”。

1986年，台湾地区出版《高雄市董杨宗亲会纪念特刊》，其中刊有“始祖黄帝神像”，并在《像赞》中引证《史记》等古籍的话：

“始祖黄帝，姬姓（亦姓公孙），名轩辕，有熊国君。其先出自少典，母曰附宝，至祁野，见大电绕北斗枢星，感而怀孕，二十四个月生帝于寿丘，日角龙颜，有景云之瑞，故史称‘生而神灵’。其初都于涿鹿。当时帝榆罔不能治天下，人民涂炭，黄帝仍（乃）修德振兵，战榆罔于阪泉，诛蚩尤于涿鹿，而后安天下，诸侯拥立为天子。都于有熊（今河南新郑县），披山通道，未尝宁居。东至海，登丸山及岱宗（泰山），西至空同（甘肃平凉县西），登鸡头。南至江，登熊湘（湖南益阳县），北逐荤粥（匈奴），合符釜山，遂建立中华万世之基业……”

2014年4月2日，台湾轩辕黄帝拜祖大典筹委会开始举办恭拜活动。其后每年相沿不辍，至2024年，已连续组织举办十一届祭黄活动。期许通过典礼的举办，引领新世代追寻中华民族的历史足迹，弘扬中华文化。值得一提的是，2014年举行的甲午年黄帝故里拜祖大典，特别增加台湾地区遥拜环节，凸显“甲午共拜祖，两岸一家亲”及“中华共努力，实现复兴梦”的主题。

2017年6月28日，“圣土传递全球　心声回归神州”台湾行黄帝陵请土仪式，在陕西黄帝陵隆重举行。“圣土传递全球　心声回归神州”爱华敬祖全球公益行系列活动，以传承中华传统文化为纽带，以“黄帝陵圣土”为媒介，计划利用三年时间将“黄帝陵圣土”传遍全球华人聚集地，并将海外炎黄子孙对祖国、对祖先以及子孙后代的祝福之音完整记录下来，永久保存于黄帝陵前。用这种特殊的乡土、乡音链接，激发全球华侨华人血脉情感，增加华侨华人的归属感、荣耀感，增强民族认同和文化认同。

2019年4月7日，台湾己亥年恭拜轩辕黄帝大典在台北市中山堂广场举行，并与当天河南新郑黄帝故里的拜祖大典遥相呼应。大典吸引近千名台湾地区民众参与、观礼。

2021年4月14日，辛丑年恭拜轩辕黄帝大典，在台湾地区桃园市芦竹区黄帝雷藏寺（黄帝大庙）隆重举办。拜祖大典的仪轨遵循古礼进行。中国国民党前主席、中华青雁和平教育基金会董事长洪秀柱亲自恭读拜祖文，强调“炎黄子孙不忘本，两岸兄弟一家亲。中华儿女肩并肩，千秋事业心连心”。

2022年4月3日，由台湾轩辕黄帝拜祖大典筹委会主办的壬寅年恭拜轩辕黄帝大典，在桃园黄帝雷藏寺隆重举行。中国国民党副主席连胜文担任大典主拜官，循古礼参香恭拜，岛内各界数百人共襄盛举。众礼生依序进行进馔、上香、初献礼、亚献礼、终献礼等26项仪程，表达对轩辕黄帝崇敬追念之心，彰显中华礼仪文化之精致灿烂。

2023年4月22日，癸卯年恭拜轩辕黄帝大典，于桃园黄帝雷藏寺盛大举行。来自桃园当地的学生以一曲旗舞为典礼开场。随后，100位同学高举百家姓旗帜进场，象征中华民族血脉传承、繁衍生息。活动期许通过青年学子参与拜祖，让年轻一代以一颗不忘本的心去了解和记忆中华民族千年融合的历史与文化，缅怀先贤，弘扬慎终追远的传统美德。

2024年4月11日（农历三月初三），甲辰年恭拜轩辕黄帝大典，在台湾桃园黄帝雷藏寺举行，缅怀先祖，慎终追远，传递两岸“同根同祖同源，和平和睦和谐”的精神。适逢甲辰龙年，此次拜祖大典的乐舞演绎部分，主办方特别设计了“龙凤呈祥”舞蹈，赞颂黄帝开启华夏文明的功德。谢神表演融入了现代舞元素，并在最后呈现“恭拜轩辕”字样，表达对中华始祖的敬仰。值得一提的是，此次祭典也是两岸即河南新郑甲辰年黄帝故里拜祖大典与台湾地区同拜活动的组成部分。

此外，台湾地区的云门舞集即得名于史传文献记载的中国最古老的乐舞——“云门”。“黄帝时，大容作云门，大卷……”1973年春，林怀民以“云门”为名称创办了台湾第一个职业舞团。

第四章

源头活水

——“源文化”视域下的浙江黄帝文化

携带着来自浙江上山、跨湖桥、河姆渡、马家浜、良渚、钱山漾、马桥，以及稻作之源、丝绸之源、黄帝祠宇、大禹陵有如大珠、小珠般串联的记忆，展示徐凝诗中“有时风激鼎湖浪，散作晴天雨点来”的诗画魅力。缙云黄帝文化旺盛的生命力表明，不要低估历史的力量、文化的力量，借此再做进一步的延展，那便是不要低估文化传播的力量。人类口耳相传、经久不衰的历史传承记忆，会让一个不起眼的地方焕发出强大的生机与活力，会使一个地方性记忆上升为具有普遍意义的文化现象，历史在一个地方的传奇，会成就一个地方丰富的文化遗产。检校《民国浙江通志稿》述记浙江在中华文明进程中的史传文字，其中载记，“古代所传，夏禹以前，浙江盖有二国，一为缙云氏，在缙云县”“一为防风氏，在今武康县”。由此表明，浙江大地即便是在先秦时代，也曾留下书于竹帛的文化和历史印记。

第一节　衣冠南渡与浙江黄帝文化

一、考古浙江与五千年黄帝文化

历史学家李学勤先生谈及中华文明进程中的浙江篇，曾经指出：“浙江省境的史前考古文化，近年已引起世人热切关注。尤其是良渚文化……很多学者认为已经闪烁着文明的曙光。良渚文化的若干因素，明显和较晚的中原夏商文化有密切联系。凡此种种，都将历史学家、考古学家的视线导向浙江。”

翻检《史记》，按照司马迁的看法，中华文明溯源应该从五帝时代出发，《五帝本纪》为《史记》之本纪第一，而《黄帝纪》又置于开篇书首，说明作为史家的司马迁深信中华民族历史上，确有黄帝这样一位象征文化智慧和力量的神人远祖存在。因此，论说中华五千年文明，自当从黄帝开篇，梳理中国南方黄帝文化，自应从浙江开启黄帝文化的巡礼，从石器时代一窥浙江与黄帝文化对应的考古学收获。

不妨先从旧石器时代捋起。地处江南腹地的浙江，虽然旧石器时代文化遗址的发现和发掘较晚，但其旧石器时代遗址分布之密集，遗物之丰富，与其他兄弟省市相比，不遑多让。早在旧石器时代，手持石斧的先民筚路蓝缕，掀开了浙江史前时期尘封的册页。据科学研究，距今10万年前的晚更新世开始，在我国的东南部地区就发生过星轮虫、假轮虫、卷转虫的三次大海侵。环境的改变，迫使早期人类多选择高地聚居生活。2002年，考古工作者在浙江省湖州市安吉县和长兴县发现旧石器时代的文化遗存地点30余处，发掘出土石质制品300多件。发现的文化遗物之多，在当时的华东地区排名第二，仅次于安徽省。据分析，古人类在浙江生息的历史至迟距今12.6万年。考古发现，距今10万年左右，适值星轮虫海侵之际，浙江新安江畔已有了晚期智人——建德人的活动。[①]距今1万年前，浦江流域的上山人掀开了人类稻作农业的篇章，并为中华文明的起源举行了一个奠基礼，浙江境域及其长江下游的农业革命随之发生。上山时期的人类利用泥土、稻壳和火烧制出史前人类的重要器物——陶器。到新石器时代，陶器的烧造温度已达900℃，夏商则达1000℃。新石器时代的陶器，色彩丰富，且出土量大。如仰韶文化多为红陶，大汶口文化则由红向黑渐进。其后的龙山文化多黑陶，且有被誉为薄如纸、声如磬、色如漆的蛋壳陶。四川、湖北、湖南一带的大溪文化亦有薄壳彩陶。其后的屈家岭文化，薄壳彩陶胎色橙黄。

考古发掘和研究表明，人类文明进程中的第一次突破发生在新石器时代。一如考古学家李济先生所指出的：“我以为讨论早期的中国历史应自新石器时代开始，因为只有从这时期开始，我们才有信

①1974年，中国科学院古脊椎动物与古人类研究所和浙江省博物馆考古工作者，在建德县李家乡新桥村后的乌龟山洞穴发现了一枚古人类的牙齿化石，齿冠高11.6毫米，直径为8.2毫米，唇舌径为9.5毫米，与“柳江人”“山顶洞人”类型相似，当时测定距今约5万年。1986年，经北京大学考古系年代测定实验室采用铀系测年法测定，发现该古人为男性，30岁左右，生活年代距今10万年左右，属晚期智人。参见林华东：《浙江通史》第1卷，浙江人民出版社2005年版，第22—23页。

而可征的资料。”就浙江境内的考古发掘而言，其中河姆渡、良渚、钱山漾等新石器时代文化遗址皆举世闻名。河姆渡新石器时代遗址早在20世纪50年代即已初露端倪。1973年，河姆渡遗址正式发掘。近年来考古工作者又在余姚河姆渡镇所在的姚江平原周围陆续发现河姆渡文化类型遗址47处。河姆渡新石器时代遗址总面积约4万平方米，自下而上叠压着四个文化层，时间跨度为距今约7000年至5000年。在河姆渡遗址，考古工作者发现了大面积的木结构建筑遗迹，出土了丰富的生产工具、生活器具、艺术品以及大量的稻谷和动物骨骼等遗物，表明当时“已经有了耜耕农业和采用榫卯技术的干栏式建筑，在国内同时代的生产、生活水平中处于领先地位”。凡此说明，距今7000年以前的浙江大地，确乎有着与中原同其古老的考古学文化分布。同此，浙江与河南、山东、山西、陕西等地一样都是中华文明起源的重要地区。从考古写史的立场出发，如果说中华民族的起源是如满天星斗般的多元样态，那么浙江先民所创造的先越文化，无疑应该是中华文明重瓣花朵中至为绚烂的一瓣。

说到中华文明的起源，良渚文化作为实证中华五千年文明的重大考古收获，自20世纪30年代由供职于西湖博物馆的施昕更[①]先

①关于良渚文化发现人，何天行先生曾有不同看法，认为其于1935年即发现了良渚文化。对此，良渚遗址管委会张炳火、蒋卫东先生曾撰专文予以辨析，提出施昕更、何天行先生都对良渚文化的发现和研究作出过开创性的突出贡献。然而，就良渚遗址的发现和试掘而言，当为施昕更先生，并引陈星灿先生观点：施昕更《良渚——杭县第二区黑陶文化遗址初步报告》“第一次准确无误地向学术界展示了长江下游的史前文化，在中国史前考古学史上具有划时代的意义”；“学术界推崇良渚遗址的发现者施昕更先生为良渚文化的发现人是实至名归，符合良渚文化发现的史实”。（何天行：《也谈良渚文化的发现人》，载《良渚文化探秘》，人民出版社2006年版，第1—20页。）

生率先在浙江余杭良渚探掘而告白于世，迄今已历经近90个春秋。随着考古发掘的深入展开和发掘报告、研究论著源源不断地相继面世，良渚文化的样貌渐被揭示得愈益清晰。

根据苏秉琦先生提出的中国考古学文化区系类型学说，良渚文化属于考古学文化六大区系之以环太湖为中心的东南部区系。其年代，经研究测定，距今约5300—4300年。

从考古发掘所取得的成果看，以1982年至1986年上海青浦福泉山两座“玉器大墓”发掘为标志，良渚文化考古发掘工作在20世纪八九十年代进入了一个高潮期。考古工作者先后在浙江余杭反山（按，发现11座玉器大墓，出土有号称“琮王”“钺王”的玉琮与玉钺）、瑶山（按，发现祭坛遗址）、汇观山（按，发现祭坛遗址）、莫角山（按，发现巨型夯土台基，进而发现古城遗址）等地相继发掘出成片的高密度聚集的大型良渚文化墓葬及建筑基址，上述文化遗存一经揭幕，即受到社会各界广泛关注，相继入选1987年、1991年和1993年全国十大考古新发现及“七五”“八五”期间全国十大考古新发现。此亦足见良渚文化考古发掘产生的影响。2019年，无疑是良渚文化发现史上的高光时刻，在第43届世界遗产大会上，良渚古城遗址入选世界遗产名录。它以大型土质建筑、城市规划、水利系统，以及不同墓葬形式所体现的社会等级制度，向世人展示新石器时代晚期，中国江南一个以稻作农业为支撑、具有统一信仰的早期区域性文明。

考古工作者经过近70年的发掘和调查，在今杭州市余杭区所辖的良渚、瓶窑、安溪三个镇内发现了内涵丰富、分布密集的良渚文化遗址，它们以莫角山遗址为中心，形成了既有村落也有墓地和祭坛等遗存的50余处良渚文化遗址。研究表明，良渚文化时期的农业已经实现犁耕稻作，其手工业表现出专业化的倾向，在良渚文化遗址出土的一些黑陶、玉器和纺轮上刻画着象形的符号或画面，而良渚文化遗址中明显的贵族大墓和平民小墓的分野则表明了社会的分化和等级的出现。如果以距今五千年为中华文明起源的界碑或界标，那么正像一些学者形容的那样，分布在杭州市余杭区的良渚遗址群正是这条界标上的东方明珠。良渚遗址群能够在中华民族文化发展史上占据十分重要的地位的原因，不仅在于它是中华大地上五千年前发展水平较高而又颇具规模的文明体之一，而且还在于它的文明对其他地区所具有的影响和辐射力。据分析，良渚文化的元素在北到山西、陕西，南及江西、广东，西至安徽，西北至青海、甘肃，西南到四川，东及山东的广域范围内，都有其风格特征的玉琮发现，不仅如此，在夏、商、西周时代的中原文化遗址中，也发现有良渚文化印记或影子的玉器。凡此，皆表明良渚文化所具有的渗透力和影响力。据学者研究，良渚文化的渗透过程与扩散方式应该是十分复杂的，但综其原因不外两种可能：或因战争引起社会急

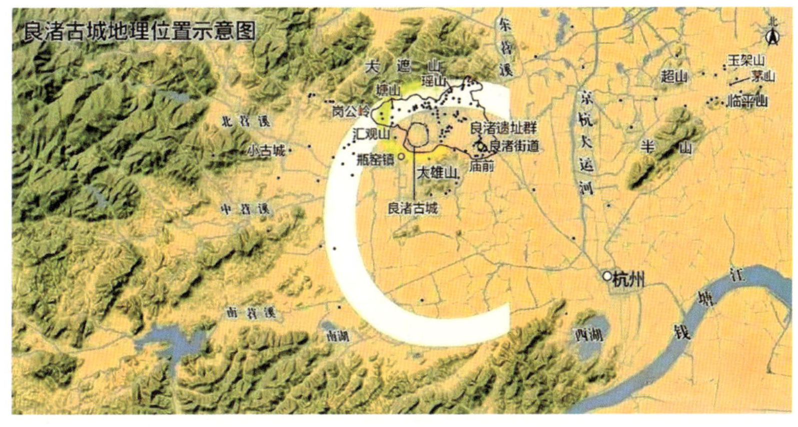

良渚古城地理位置示意图

剧的震荡，或因和平交往交流发生潜移默化的影响和作用。当良渚与其他文化接触、混合、交流、融汇达到相当程度后，就会出现质变升华，形成一种独具特色的文化。人们注意到，距今4000年之后，良渚文化退隐消失了。换一种方式表达，与其说是良渚文化的消失，不如说是良渚文化的消融，即因着生存环境的改变，良渚文化在向外延展的过程中，在与其他文化的交流碰撞中逐渐消融。例如，前述作为良渚文化主要内涵表达的玉器的形制，就在中原的考古学文化序列中有着或隐或现的影子。安志敏先生认为，“以玉琮为特征的文化因素，也见于后来的龙山文化和商周文化，不过形制纹饰俱已简化，可作为接受良渚文化影响的一项证据”。

接续良渚文化之余响，曾经被考古工作者视为良渚文化一部分的钱山漾遗址，从最初发现，到以“钱山漾文化”冠名的提出，历时70年，从中可以看出中国考古学的发展与区域文化研究认识的不断深化。特别是考古工作者在钱山漾遗址的第二次发掘具有划时代的意义。在1958年2月—3月的发掘中，计挖探方13个，总面积为341平方米。正是在这次发掘中，发现了一批盛在竹筐内的丝织品，包括绢片、丝带和丝线等，据《吴兴钱山漾遗址第一、二次发掘报告》，第二次发掘时，在探坑22出土不少丝、麻织品。麻织品有麻布残片、细麻绳。丝织品有绢片、丝带、丝线等。大部分都保存在一个竹筐里。经浙江省纺织科学研究所和浙江丝绸工学院多次验证鉴定，原料是家蚕丝，绢片是“由长茧丝不加捻并合成丝线做经纬线，交织而成的平纹织物”，“证实钱山漾出土的丝织物是由桑蚕丝原料织成的”。对此，著名考古学家夏鼐先生指出：“就纺织技术来说，我国是世界上最早饲养家蚕（Bombyx mori）和织造丝绸的国家，并且在一个相当长的时期内是唯一的这样一个国家。”他认为“中国最早的丝织品，是 1958 年在浙江省吴兴县钱山漾遗址中所发现的……丝织品、绢片丝带”。随着学界对钱山漾遗址内涵认识的渐趋深化，2005 年和 2008 年，浙江省考古研究所联合湖州市博物馆对钱山漾遗址先后进行了第三次和第四次发掘。这两次考古发掘中最重要的收获，是明确了钱山漾遗址的年代晚于良渚文化。研究发现，钱山漾文化的陶器，如圈足盘，折腹豆等多为泥质黑皮陶，器物的造型颜色与山东龙山文化的同类器物颇为相似，而第一期鱼鳍形足陶鼎的发现，则是钱山漾文化具有鲜明文化个性和标识意义的典型器物。不唯如此，在 2005 年钱山漾遗址第三次的发掘中，出土了距今约 3900—3200 年的丝带。

钱山漾遗址出土绢片

考古成果表明，良渚文化如今已站在了实证中华五千年文明史的高度和新起点，钱山漾文化则以其丝绸之源，进而链接起黄帝谱系之嫘祖文化的认知。以良渚文化、钱山漾文化为代表的新石器时代先越文化，无可辩驳地证明了浙江是中华文明的重要发祥地。史籍文献记载的五帝时代，缙云氏不才子的流迁四裔，自当包括南方广大地域。历史上发生的衣冠南渡，以及由此带来的黄帝文化生根浙江缙云的事实，确立了浙江禀赋独具的中国南方黄帝文化传播中心和祭祀中心的地位。考古实证与黄帝文化南方圣地身份的双重叠加，彰显出浙江文化在江南文化的创造和发展中具有鲜明的“源文化”特征。

史学家熊月之先生在研究中认为，“开放是江南地区的共同品格”。案诸文献典册，开放创新也是黄帝文化的品格。所谓品格，多指一个人的品行人格。由对象是人的品格评鉴，上升到对一个区块、一个地方，甚或较广泛的一片区域的观感认识，品格已不仅仅只是作为一种拟人化的譬喻，更是对一方区域的物质文化、行为文化、观念文化和历史文化的精神样态所作的一种审美判断和价值判断，一如王国维所论：“有境界，则自成高格。”情势带动影响之下，江南山水、佳郡名城、硕彦才俊、能人志士，各有所出，各有所成。案诸史籍，黄帝文化层累造成，其所具有的人格魅力和开放创新的特点，在古籍所载的黄帝史迹中胪列有征。

> 昔天之初，□作二后，乃设建典，命赤帝分正二卿，命蚩尤于宇少昊，以临四方，司□□上天末成之庆。蚩尤乃逐帝，争于涿鹿之河，九隅无遗。赤帝大慑，乃说于黄帝，执蚩尤，杀之于中冀。以甲兵释怒，用大正顺天思序，纪于大帝，用名之曰绝辔之野。乃命少昊请司马鸟师，以正五帝之官，故名曰质。天用大成，至于今不乱。
>
> ——《逸周书·尝麦》
>
> 昔者，黄帝氏以云纪，故为云师而云名……自颛顼以来，

不能纪远，乃纪于近，为民师而命以民事，则不能故也。

——《左传·昭公十七年》

黄帝能成命百物，以明民共财。

——《国语·鲁语上》

神农、黄帝始为天下，是故安而不顺。

——《庄子·缮性》

黄帝合鬼神于泰山之上。

——《韩非子·十过》

为天下及国，莫如以德，莫如行义，以德以义，不赏而民劝，不罚而邪止，此神农、黄帝之政也。

——《吕氏春秋·离俗》

黄帝，少典之子也，曰轩辕。生而神灵，弱而能言，幼而慧齐，长而敦敏，成而聪明。治五气，设五量，抚万民，度四方。教熊罴貔豹虎，以与赤帝战于版（阪）泉之野。三战，然后得行其志。黄帝黼黻衣，大带，黼裳，乘龙扆云，以顺天地之纪，幽明之故，死生之说，存亡之难。时播百谷草木，故教化淳，鸟兽昆虫。历离日月星辰，极畋土石金玉，劳心力耳目，节用水火材物。

——《大戴礼记·五帝德》

黄帝者……生而神灵，弱而能言，幼而徇齐，长而敦敏，成而聪明。

轩辕之时，神农氏世衰。诸侯相侵伐，暴虐百姓，而神农氏弗能征。于是轩辕乃习用干戈，以征不享，诸侯咸来宾从。而蚩尤最为暴，莫能伐。炎帝欲侵陵诸侯，诸侯咸归轩辕。轩辕乃修德振兵，治五气，艺五种，抚万民，度四方，教熊罴貔貅貙虎；以与炎帝战于阪泉之野。三战，然后得其志。蚩尤作乱，不用帝命。于是黄帝乃征师诸侯，与蚩尤战于涿鹿之野，遂禽杀蚩尤。而诸侯咸尊轩辕为天子，代神农氏，是为黄帝。天下有不顺者，黄帝从而征之，平者去之，披山通道，未尝宁居。

东至于海，登丸山，及岱宗。西至于空桐，登鸡头。南至于江，登熊、湘。北逐荤粥，合符釜山，而邑于涿鹿之阿。迁徙往来无常处，以师兵为营卫。官名皆以云命，为云师。置左右大监，监于万国。万国和，而鬼神山川封禅与为多焉。获宝鼎，迎日推策。举风后、力牧、常先、大鸿以治民。顺天地之纪、幽明之占、死生之说、存亡之难。时播百谷草木，淳化鸟兽虫蛾。旁罗日月星辰水波，土石金玉，劳勤心力耳目，节用水火材物。有土德之瑞……

——《史记·五帝本纪》

黄帝，龙颜，有圣德，受国于有熊，居轩辕之丘，故因以为名，又以为号。与神农氏战于阪泉之野，三战而克之……封胡孔甲等，或以为师，或以为将，分掌四方，各如己视，故号曰黄帝四目。又使岐伯尝味百草，典医疗疾，今《经方》《本草》之书咸出焉。其史仓颉，又取象鸟迹，始作文字。史官之作，盖自此始，记其言行，策而藏之，名曰书契。黄帝亦号帝鸿氏，或曰归藏氏，或曰帝轩，吹律定姓。有四妃，生二十五子。在位百年而崩，年一百一十岁。

黄帝垂衣裳，仓颉造文字，然后书契始作。

居轩辕之丘，故因以为名。得宝鼎，兴封禅，有景云之瑞。故以云纪官为云师，以土德王。在位百年而崩，年百一十岁。或言寿三百岁。故宰我疑以问孔子，孔子曰：人赖其利，百年而崩，人畏其神，百年而亡，人用其教，百年而移，故曰三百年。神农氏衰，黄帝修德化民，诸侯归之。黄帝于是乃扰驯猛兽，与神农氏战于阪泉之野，三战而克之。又征诸侯，使力牧、神皇直讨蚩尤氏，擒之于涿鹿之野，使应龙杀之于凶黎之丘。凡五十二战而天下大服。或传以为仙，或言寿三百岁，葬于上郡阳周之桥山。

居轩辕之丘，故因以为号。治五气，设五量。及神农氏衰，黄帝修德抚民，诸侯咸去神农，而归之。黄帝于是乃扰驯猛兽，与神农氏战于阪泉之野，三战而克之。又征诸侯，使力牧、神皇直讨蚩尤氏，擒之于涿鹿之野，使应龙杀之于凶黎之丘。凡五十二战而天下大服。

——《帝王世纪》，清光绪贵筑杨氏刻，《训纂堂丛书》本

黄帝轩辕氏……元年，帝即位，居有熊。初制冕服……帝以土气胜，遂以土德王……鱼流于海，得图书焉。《龙图》出河，《龟书》出洛，赤文篆字，以授轩辕，接万神于明庭。

——沈约《竹书纪年》注

轩辕……以土德称王也。时有黄星之祥，考定历纪，始造书契、服冕垂衣，故有兖龙之颂。变乘桴以造舟楫，水物为之翔踊，沧海为之恬波。泛河沉璧，有泽马群鸣，山车满野。吹玉律，玉璇衡，置四史以主图籍。使九行之士以统万国。九行者，孝、慈、文、信、言、忠、恭、勇、义，以观天地，以祠万灵，亦为九德之臣。

——《拾遗记》

黄帝……受国于有熊，袭封君之地。以制作轩冕，乃号轩

辕。以土德王，曰黄帝。得奢龙辩乎东方，得祝融辩乎南方，得火封辩乎西方，得后土辩乎北方……初，喜天下之戴己也，养正娱命，自取安而顺之，为鸿黄之代以一民也。时人未使而自化，未赏而自劝，其心愉而不伪，其事素而不饰，谓太清之始也。耕者不侵畔，渔者不争岸，抵市不预价，市不闭鄙，商旅之人相让以财，外户不闭，是谓大同……黄帝修德义，天下大理……黄帝始画野分州，令百郡大臣授德教者，先列珪玉于兰蒲席上，使春杂宝为屑，以沉榆之胶和之为泥以分土，别尊卑之位与华戎之异。帝旁行天下，得百里之国者万区，所谓首出庶物，万国咸宁。

——《黄海·纪异五》

从上所胪列史籍文献记载的黄帝事迹不难看出，经过了时间和人为等诸多因素的过滤和取舍，尽管今天人们所接触到的有关黄帝的材料，与当年司马迁所感慨的“百家言黄帝，其文不雅驯，荐（缙）绅先生难言之”的情形已不可同日而语。但即便如此，从上所称引的众多史籍中，仍能看到黄帝信仰及其文化记忆中所具有的神格与人格的兼具，神话与传说、史事的交融，以及黄帝时代在经纬天地和肇造秩序中所呈现的开放和创新的品质特征。如《逸周书》之“用大正顺天思序”，《左传》之“为民师而命以民事”，《国语》之“能成命百物，以明民共财”，《庄子》之“安而不顺”，《韩非子》之“合鬼神”，《吕氏春秋》之“莫如以德，莫如行义，以德以义，不赏而民劝，不罚而邪止”，《大戴礼记》之“顺天地之纪，幽明之故，死生之说，存亡之难……劳心力耳目，节用水火材物”，《史记》之“治五气，艺五种，抚万民，度四方……平者去之，披山通道，未尝宁居”，《帝王世纪》之“修德化民，诸侯归之……治五气，设五量……天下大服”，《竹书纪年》之“以土气胜，遂以土德王”，《拾遗记》之“考定历纪，始造书契、服冕垂衣，故有衮龙之颂。变乘桴以造舟楫，水物为之翔踊，沧海为之恬波。泛河沉璧，有泽马群鸣，山车满野。吹玉律，玉璇衡，置四史以主图籍。使九行之士以统万国”，《黄海》之“时人未使而自化，未赏而自劝，其心愉而不伪，其事素而不饰”等的“黄帝之政”，皆有一种文明初创期的开放格局和气韵。

二、“迁于四裔”的缙云氏“不才子”

史学家陈寅恪说：“一时代之学术，必有其新材料与新问题。取用此材料，以研求问题，则为此时代学术之新潮流。治学之士得预此潮流者，谓之预流。”在这方面，李学勤先生亦提出要“重视传说的价值”，尹达先生指出：“从考古发掘中还发现了和‘传疑时代’的某些部族里的可能有相当关系的各种不同的新石器时代的文化类型。从地望上，从绝对年代上，从不同文化遗存的差异上，都可以充分证明这些神话般的传说自有真正的史实素地，切不可一概抹煞。”李济先生认为“人类的文化是累集的”，“人类的文化，比人类自己的足迹，传播的范围要宽广得多”；环境的不同，“是造成地方色彩的基本原因”。

梳理缙云黄帝文化形成的轨迹和脉络，笔者以为需要特别关注历史时期的“衣冠南渡”现象。寻检史籍文献，笔者浅见，浙江及其所处的江南，在历史上至少经历了“1+3”式规模的“衣冠南渡”或曰四次较大规模的黄帝文化传播。正是经由衣冠南渡与文化传播之伟力，浙江缙云黄帝文化最终层累造成。

这里，笔者所言的“1+3”的“1”，系指五帝时代缙云氏不才子被舜“流迁于四裔”的历史事件。考诸实际，缙云氏不才子的流迁，其实也蕴含着中华文明开篇时代“衣冠南渡”的史影。

缙云氏不才子被舜“流迁于四裔”，事见司马迁《史记·五帝本纪》，这也是有史记载最早涉及黄帝文化传播的重要史事。唐张守节《史记正义》注“缙云氏”谓：“今括州缙云县，盖其所封也。”此即《浙江通志稿》所载之浙江在夏禹以前的古国——缙云氏。宋罗泌《路史·后纪六》云：“缙云氏，亦帝之胄也。”说明在古今人们的认识中，地处江南的缙云氏一族，显系黄帝之苗裔，是黄帝的子孙。

先秦史家詹子庆先生，在参详史籍和缙云当地学者王达钦《缙云氏考》的基础上，提出“在虞舜时代，缙云氏一支饕餮（或云三苗）受到打击流放，其中主要部分被流放到三危（今敦煌），但还有一支南下到湘、鄂、赣之间，甚至有部分支系落脚于浙江中南部括苍山麓下”的认识。孟世凯先生分析认为：“缙云氏应是从神农氏分化出的一支族，也是以农耕为主的氏族。神农氏是南方定居农耕为主的大氏族（或部落），炎帝是其裔孙。据《帝王世纪》说，炎帝‘以火承木位，在南方主夏’。黄帝之‘五官’，夏官为缙云，缙是淡红色，淡红也是赤色。‘南方谓之赤。’《说文》：‘赤，南方色也。’缙云氏也正是继神农氏之后族居于南方的农耕氏族。”

缙云氏不才子的南迁，无疑是黄帝文化根植江南的一个重大历史事件。由此在中国南方黄帝文化流布的源头问题上，解释和回答了何以黄帝传说流传于南方、流传于浙江、流传于缙云的问题。显见“衣冠南渡”之“1+3”的“1”，在黄帝文化南传这件事情上确乎具有开先河的意义。对此，张广志先生亦认为：“即使先秦时期黄帝或其族人并未到过浙地的缙云，并不妨碍黄帝的名字及其事迹早在先秦时期就已被包括缙云在内的江南人民所熟知并予以崇敬了。长期以来，人们往往对古代先民们的跨地域的人员交往和文化交流的能力估计不足。事实上，早在距今四五千年前，江浙地区的良渚文化就曾对中原文化产生过强烈影响；而中原地区的‘王油坊类型’文化亦曾远播与浙地比邻的今上海松江广富林地区。进入三代，据传，大禹曾到过浙江，并死于会稽；古越国，传为禹后，而禹又是黄帝的后人。有这种历史大背景作依托，说缙云早在先秦时期即已有了黄帝文化的孕育，当不会失之太远。”

三、岩画，“缙云氏不才子”的行板？

岩画，某种意义上是人类最早的“文献”之一。中华文明探源工程，将中华文明进程的路线图谱渐积揭示得愈加清晰，即一万年奠基（按，这方面以浙江上山稻作文化为佐证），八千年起源（按，浙江跨湖桥文化），六千年加速（按，浙江河姆渡文化；浙江马家浜文化），五千年实证（按，浙江良渚文化）。岩画的出现，显然与中华文明进程相伴生。因此，岩画作为古人思想的意识流表达，需要人们从考古学、文化学，甚或思想史的层面加以认识和研究。

2021年7月，受缙云县委、县政府的邀请，在缙云黄帝文化研究院的悉心安排下，笔者带队，会同中国社科院历史研究院考古所、古代史所、历史理论所和浙江省部分文史研究专家，专程赴缙云考察新近发现的岩画遗迹。考察和研讨过程本身，也是一次新的知识发现与理论思考之旅。

考察和研讨中，发现缙云岩画有以下几个特点：一是岩画的分布多在山前；二是岩画不是立体展示，而呈一种平面状态；三是岩画多系抽象而少具象。

缙云岩画所呈现的山前、平面分布特点，似更多地反映和表现出岩画的祭祀属性。

放大视角去看：缙云岩画发现的地方多是在空旷的山坡上，每天清晨日出之光首先普照于此，岩画则直面苍穹。很显然，岩画制作者呈现而观的对象，应该不是普罗大众。

问题于是产生：岩画是给谁看的？或者说岩画想让谁看？进一步延展思考，岩画与缙云氏不才子的“流迁”有着怎样的关联？岩画是不才子一族“流迁”路途的思想表露吗？一切都是谜！

进一步思考，窃以为，岩画更像是一种献祀。就此而言，岩画也是信仰的印记！

我们知道，在中华文化的主流形态中，很重要的一个内容就是天命信仰，而缙云岩画带给人们的就是这样一种认识和启示——对天道大自然的敬畏。

考察组在一路走山爬坡的田野踏访中，发现除却凹穴岩画外，还有一些岩画疑似日轮状图案、羽人、云梯（天梯）、星图、农耕器具耒耜状图案，等等，不一而足。考察中还发现仙都鼎湖峰面朝黄帝祠宇大殿的峰顶崖壁上，竟出现了与耒耜形状岩画相类的图案。当然这是一个有趣的巧合。然而从文化的视角看，却很容易使人联想到中华民族农耕文明的代表——黄帝，以及黄帝缙云氏羽化升仙的传说。也因此缙云黄帝文化总能带给人们一种常说常新的感受和认知。

当然，由于确证岩画年代需要非常专业的技术手段和长期田野考古的实践经验，因此，一时间很难对岩画的时限，作出年代学的科学分析与判断。

此外，考察中发现岩画的手法和表现的内容不一，甚或夹杂伴

缙云岩画（组图）

有今人刻画的现象。但无论怎样，对缙云岩画的立项研究和保护，是一项刻不容缓的工作。值得肯定的是，缙云县博物馆在原馆长王琼英的带领下和当地文史学者项一中、柯国明，岩画爱好者胡玉丰等的参与下，前期已经做了大量的实地普查工作，接续要做的就是摸清家底，保护先行，做好图录，推动研究。

四、“衣冠南渡”与浙江黄帝文化的形成

纵观东汉末以后，历史上出现的三次“衣冠南渡”所带来的黄帝信仰及其文化传播，对于浙江缙云黄帝文化的最终形成与丰富发展所产生的作用和影响，呈现出一种梯次推进和层累构成的特点。

如果做一个延展性思考，东汉末以后，随着匈奴、鲜卑、羯、氐、羌五族入中原造成的民族混居与交融，其中带来的一个重要变化，就是文化的“乾坤大挪移”现象，即一种文化习俗及其信仰，通过人口南渡的方式，从一个地方转移、播迁到另一个地方，进而在文化的旅行中，实现了文化及其信仰在新天地的播种与生根。历史学研究业已证明，“人类的文化，比人类自己的足迹，传播的范

围要宽广得多”。

“衣冠南渡”，语出唐代史学家刘知几《史通》卷五《内篇·因习下》。熊月之认为“衣冠南渡”系指北方人南渡、南迁的过程中，连带整个宗族、家族的迁徙移动。在这个迁徙南渡的过程中，宗族、家族的文化叙事，以及生产方式、生活方式和家族管理方式都被一起带入南方，最终是把北方的中原文化带到了南方。

历史上颇具影响的衣冠南渡概有三次：第一次衣冠南渡发生在东汉末迄三国两晋南北朝时期，整个的过程较为漫长。尤其是西晋末东晋初，“八王之乱”造成首次大规模衣冠南渡，世居中原的豪强士族和普通民众，为避战乱越过长江来到江南。正是在这个时期，东晋郭璞《山海经》注提到缙云“三天子都”“黄帝曾游此”。晋崔豹《古今注》书记有黄帝到浙江缙云山、黄帝乘龙上天的传说。更有山水诗一代鼻祖谢灵运寻访缙云山，在《游名山志》《名山记》《归途赋》中书录独秀挺拔的鼎湖孤峰“从地特起，高三百丈”“停余舟而淹留，搜缙云之遗迹，漾百里之清潭，见千仞之孤石，历古今而长在，经盛衰而不易”。并留下“古老云：黄帝炼丹于此”以及缙云龙须草（缙云草）等记载。上述名家所记，特别是谢灵运这段经历所载至为关键，正如张广志先生所言：它“把传说中的黄帝与道教的炼丹术结合起来，并明确地把黄帝的炼丹地定位在浙地的缙云山”。南朝齐、梁间有“山中宰相”之称的陶弘景著有《水仙赋》，其中亦有“若夫层城瑶馆，缙云琼阁，黄帝所以觞百神也”的记载。南朝宋郑缉之《东阳记》亦载：“缙云山，一名丹峰山，世传轩辕游此升天。”

第二次衣冠南渡，发生在唐代中叶“安史之乱”以后。“士子之流，多投江外，或扶老携幼，久寓他乡”。江南成为“放尔生，放尔命”的安全、理想的栖居地。大批北方人躲避战乱，从中原来到南方，再一次促进了南方的经济文化发展。就缙云而言，其在唐的发展变迁，并不止限于“安史之乱”的变局。史载，缙云早自武则天万岁登封元年始更名设县，到唐玄宗天宝年间改缙云郡，为代王李諲封地。不唯如此，黄帝祠宇也是在玄宗时期得以兴建，缙云有史可考的官方祭黄也是始于玄宗朝。唐时，缙云之地更是留下一代篆书宗师、时任缙云县令的李阳冰篆额“黄帝祠宇”之碑铭。以“天下三分明月夜，二分无赖是扬州”绝句冠誉古今的唐代著名诗人徐凝，遗有缙云鼎湖诗二首，其中一首：“黄帝旌旗去不回，空余片石碧崔嵬，有时风卷鼎湖浪，散作晴天雨点来。”徐凝此诗因意境高绝，被后人羡称：“缙云一诗后来无敢题者”。

第三次衣冠南渡，时在两宋之交“靖康之乱”。这次衣冠南渡，底定了古代中国以江南为中心的基本经济区。时谚曰“苏湖熟，天下足”，诗云“世言苏湖熟，沾溉及四方”等即其证。此次衣冠南渡也使浙江成为中原文化火种的重要保留地。与此相应，江南地区在文艺、教育与科技等方面均取得了划时代的成就，而且传统的汉魏典章制度在东晋南朝也有新的传承和发展，并反过来影响和辐射北方。

衣冠南渡，首先推动了南方特别是江南地区的快速进步与发展。其中一个最重要的表征，即造成古代中国经济地理版图的重构——经济重心南移。其次，北方士族和百姓大规模南迁，促进南北文化的深入交流与交融，促进南方地区文化的发展与繁荣，催化出“东南财赋地，江左人文薮”的嘉盛局面。其中浙江黄帝文化的形成，应当视作衣冠南渡文化结晶的产物。正是在这样的历史背景下，包括绍兴、温州、金华和处州（今丽水）等地，均出现大量有关黄帝的传说、古迹和文物，历经魏晋、隋唐，及至宋元明清，而传延不辍。第三个方面，衣冠南渡（尤其是第三次）的结果，亦使浙江担负起延续和恢复中原文化的历史责任与使命。即第三次衣冠南渡，不仅奠立浙江作为中原文化复兴基地的主体地位，还使浙江一跃成为当时中国政治经济和文化的辐射中心，更使黄帝文化得以在江南乃至南方更为广大的地方，广为传播，深入人心。

第二节 浙江缙云与中国南方黄帝文化

一、“黄帝登真处，青青不纪年”：黄帝文化的萌蘖发生

作为全国唯一一个以黄帝名号称名的县，“缙云”二字无疑是黄帝文化在中国南方的一个非常重要的身份识别。事实上，缙云因其所禀赋的历史文化属性，早已被人们视为中国黄帝文化南方故里，成为源远流长浙江文化中最具辨识度的文化标识之一。当然，人们的认识并未就此止步。人们关心的是：经历了人事代谢、岁月苍黄，对黄帝文化在浙江、在缙云这个事情如何予以评说？尤其是历史研究工作者，从事先秦史研究的学者，具体如何看待黄帝和缙云的关系？凡此，确乎有必要走进缙云去一探究竟。

论及缙云黄帝文化的发生，先秦史家刘宝才先生认为：“黄帝在仙都鼎湖峰升天是一个古老传说，缙云黄帝文化更是源远流长。

距现在5000年前的黄帝时代，包括缙云在内的良渚文化地区已有古老文明。良渚文化发现有稻谷遗存的遗址为数众多，当时这里的种植农业已相当繁荣。正是这里的先民首先驯化种植了稻谷，成为人类种植稻谷的发明者和推广者。良渚文化的玉礼器十分引人注意，出土的玉琮、玉璧精美无比。玉礼器上的‘良渚神徽’构图奇异而充满神秘色彩，可能是良渚文化居民奉祀神的形象。缙云境内也有良渚文化晚期的遗存发现，说明在黄帝时代这里的社会生活中也出现了政治因素，已经走到文明时代。”刘宝才先生指出：“今天的缙云县，在三代至春秋属于越国，是大禹的后裔建立的国家，都邑在会稽（今绍兴市）。大禹巡视天下，至会稽而崩，葬于会稽山。到了夏代少康时，为了那里的大禹祭祀不绝，把他的少子无余封到会稽，建立起越国。千年之后吴越争霸中，范蠡辅佐越王句践演出了一幕卧薪尝胆发愤图强的历史壮剧，为中华民族留下一份珍贵的精神遗产。缙云县有范蠡的老师计倪古迹倪翁洞，可见缙云是越国的重要地方。越国的历史应该是黄帝文化在缙云地区发展的重要时期。”

根据刘宝才先生的认识，综而论之，缙云黄帝文化的发生，概可从以下四个层面作为分析的维度和观测点：

一是考古写史的维度，一是历史的维度，一是道教文化的维度，一是缙云独特的文化地理维度。

从考古写史的维度看，一如刘宝才先生所论：“距现在5000年前的黄帝时代，包括缙云在内的良渚文化地区已有古老文明。”前述浙江境内的考古发掘，自上山文化始，经河姆渡文化，到良渚文化遗址，考古工作者都发现有为数不少的稻谷遗存，说明新石器时代这里的稻作农业已相当普遍。此外，距今7000年的河姆渡文化已出现玉玦形珥的玉神器，至良渚文化，玉琮和玉璜则作为神守之国的标志性礼器，特别是玉礼器上的“神徽”构图，从而引起学界研究者的关注。缙云县域亦发现有属于良渚文化晚期的遗存，表明与五帝时代略相对应的良渚文化时期已经出现文明时代之族邦政治的因子。

从历史的维度看，五帝时代，缙云氏不才子的南迁，揭开了中华文明进程初叶“衣冠南渡”的史幕。至唐宋，以迄晚近，唐人张守节关于“缙云县，盖其所封”和宋人罗泌关于“缙云氏，亦帝之胄”，以及近代时人关于“夏禹以前，浙江盖有二国，一为缙云氏，在今缙云县，志所谓黄帝夏官受封于此是也；一为防风氏，在今武康县”的认识，说明黄帝文化在浙江的萌蘖发生，确乎于史有凭。

从道教文化和缙云所处的地理维度看，一方面，道教以尊崇黄帝和老子为旨归，老庄思想被道教文化从养生的方向重新加以解读和阐释（如《老子》的“天长地久……故能长生”“抱一”“夫唯啬，是以早服”“长生久视之道也”；《庄子》的“坐忘”“心斋”“守一”），黄帝也因其文化的统合性和自身历史与形象的神秘性，被道教从炼丹升仙的方面加以丰富演绎；另一方面，道教十分重视生态地理环境，为了追求长生不老和炼丹升仙，常常寻觅清幽静美的山林石洞，以建立道士栖身养生的宫观，认为奇绝高耸的山石或山峰与天最为接近，是通往神仙世界的要津、升仙之通途，故而道教之宫观大多建于名山佳绝处，或居山巅，或憩奇洞，以为修养之“洞天福地”。于是地处括苍山脉之缙云山，以其风景奇秀，又有干霄凌云的鼎湖峰，当仁不让地被古往今来的道教信奉者推为洞天第二十九之列，并将传说中黄帝炼丹羽化成仙处，附会于孤石特立的鼎湖峰。经由文人道士的一番加工和宣扬，浙江黄帝文化开枝散叶。对此，赵世超先生分析指出：“道教徒认为‘合丹当于名山之中，无人之地’，不与俗人往来，‘又不令不信道者知之’，以免‘谤毁神药’，药才可成，成则‘举家皆仙’‘不单一身耳’，故而，著名的道士多选择名山大川，风景秀美而又避远精洁之处居之。据葛洪《抱朴子》所列，有‘正神’在其中，适于‘精思合作仙药者’，有华山、泰山、霍山、恒山、嵩山、少室山、长山、太白山、终南山、女几山、地肺山、王屋山、抱犊山、安丘山、潜山、青城山、娥眉山、绥山、云台山、罗浮山、阳驾山、黄金山、鳖祖山、大小天台山、四望山、盖竹山和括苍山，这应该是当时道教的共识。可惜中原的名山因为战乱已经‘不可得至’‘江东名山之可得往者’，只剩下‘霍山，在晋安；长山、太白，在东阳；四望山、大小天台山、盖竹山、括苍山，并在会稽’。选择的范围既然有限，处于括苍山与仙霞岭的过渡地带，而又峰岩奇绝、云水飘逸的缙云山被道士所爱，并誉为仙都，便一点也不奇怪了。”

二、“标榜黄帝祠，字画气浑厚”：黄帝文化的兴盛发展

如前所述，回溯、梳理浙江省缙云县得名的来由，据《旧唐书·地理志》载，武则天之武周“万岁登封元年”，即公元696年，因缙云山之故，“分括苍及婺州永康县”，析置缙云县。需予以指出的是，这是缙云在历史上以县域政区形式的第一次正式亮相。至北宋，缙云为处州所辖五县之一；南宋时，为处州所辖六县之一。宋人罗泌《路史》卷十五注谓：“缙云氏……盖国也。处州旧本《图经》：缙云山，又，皆以为黄帝氏。”其后，历元、明、清、民国，以迄于今，缙云县名相沿不改。缙云也因黄帝号缙云，缙云氏系黄帝之族系而为人们所认识。

浙江缙云黄帝文化建设和发展的高光时刻，无疑是在唐玄宗李隆基时期。其标志性事件，便是黄帝祠宇的兴建。至此，缙云开始有了正式的官方公祭轩辕黄帝祭典。宋人叶梦得《仙都观碑记》载：“仙都观在缙云县东四十里，旧传黄帝炼丹其上。唐李阳冰令时，书‘黄帝祠宇’四大字尚存。山水奇秀，见之若图，殆不可名状也……其东十里有崇道院，号小仙都。”缙云黄帝文化因着官方和道教界在朝在野力量的加持推助，在唐宋时期得到长足发展。故唐宋时期的浙江黄帝文化，可以说是处于兴盛发展的阶段。这不仅表现在唐宋朝廷官方祭黄的敕书勒铭与金龙玉简之投放行为，还集中反映在这一时期政治和文化艺术界人士的祭黄咏怀活动。兹撮要引录如下：

轩辕黄帝初得仙，鼎湖一去三千年。周流三十六洞天，洞中日月星辰连。骑龙驾景游八极，轩辕弓剑无人识，东海青童寄消息。

——唐诗人顾况《相和歌辞·短歌行六首》

处州仙都山，山之半有洞口，下望之如鉴，目之曰镜岩。下去地二百尺，上者以竹梯为级，中如方丈，内有乳水，滴沥嵌罅，黄老徒周君景复居焉。迨八十年，不食乎粟，日唯焚降真香一炷，读《灵宝度人经》而已。东牟段公柯，昔为州日，闻其名，梯其室以造之。且曰：君居此久矣，乳水之滴，昼夜可知量乎？周君曰：某常揣之，尽昼与夜，一斛加半焉！公异而礼之。后柯别十二年，日休至吴，处人过，说周君尚存。吟想其道，无由以睹，因寄题是诗云：

八十余年住镜岩，鹿皮巾下雪髟髟。床寒不奈云萦枕，经润何妨雨滴函。饮涧猿回窥绝洞，缘梯人歇倚危杉。如何计吏穷于鸟，欲望仙都举一帆。

——唐文学家皮日休《寄题镜岩周尊师所居并序》

常爱仙都山，奇峰千仞悬。迢迢一何迥，不与众山连。忽逢海峤石，稍慰平生忆。何以慰我心，亭亭孤且直。

——唐政治家李德裕《海上石笋》

黄帝登真处，青青不记年。孤峰应碍日，一柱自擎天。石怪长栖鹤，云闲若有仙。鼎湖看不见，零落数枝莲。

——唐诗人曹唐《仙都即景》

汗漫东游黄鹤雏，缙云仙子住清都。三元麟凤推高座，六甲风雷闷小壶。日月暗资灵寿药，山河直拟化生符。若为失意居蓬岛，鳌足尘飞桑树枯。

——唐诗人李群玉《谪仙吟赠赵道士》

岩岩仙都山，肃肃黄帝宫。巨石临广泽，千仞凌高穹。肇当融结初，全得造化功。深可蟠厚壤，峭疑接冥鸿。云斩去路存，丹鼎遗迹空。抽润草心碧，敷香莲叶红。升龙扳矫矫，飞凤鸣噰噰。而我集仙署，尝比瀛洲雄。星移婺女闲，凤驾析木东。到觉毛骨爽，坐如羽翼冲。万事皆氛埃，一气归鸿蒙。遐哉上圣道，邈与元化同。金简奠至诚，玉书铭代工。功成解冠剑，栖息期此中。

——宋人李建中《题仙都山》

黄帝升天石，高名壮斗牛。孤根斜照水，寒色不知秋。巍与群峰并，圆如一笋抽。晓妨残月下，晴碍落星流。危定胜昆阆，登应见沃洲。爱深无尽处，日极更迟留。

——宋人梁鼎题咏诗

贝阙琳宫紫雾深，凤凰仙乐尚愔愔。鼎湖往事三千载，石笋青春一万寻。挺立不教凡草长，削成应免俗尘侵。霓旌绛节知何处，空有莲花送好音。

薜荔无因挂一毫，化工镌削亦应劳。圭形直指明河落，桂影遥分涨海涛。发地五千何足贵，去天三百未为高。轩辕辙迹今犹在，斗上丹梯著羽袍。

黄帝升天去不还，空留片石在人间。千寻杳杳撑红日，万古巍巍出众山。湿雾好花宫女困，倚云乔木羽林闲。时人不信飞升路，辙迹龙髯竟可攀。

——宋人孙何题咏诗三首

发地更擎天，根盘数亩烟。化工成突兀，辙迹似雕镌。峭拔殊无倚，孤高众莫肩。轩辕从此去，知复几千年。

——宋人陈若拙《题仙都山》

古帝此登仙，霓旌不复还。孤标苍岭外，屹立紫烟间。上下形端柱，周回影转环。根疑连海峤，顶欲突天扉。莲出湖心迥，苔漫辙迹斑。傍存炼丹釜，低瞰步虚山。猿狖何能到，鸾凰自可攀。昼矜名手眇，吟怯钜题艰。雁荡非灵异，兰岩鄙宴闲。缙云游览处，胜概甲人寰。

——宋人刘参《龙泓洞》

有唐天子天宝初，礼官学士披图书。推本黄帝九云车，曾跨火龙升天衢。世传虢略留鼎湖，世传桥山晏神舆。真人起灭不异途，霓旌羽盖风驱驱。括州地胜邑东隅，玉峰特起千丈余。黄帝腾空与道俱，揭来吹落火龙须。一须落处生万芜，春风秋霜荣复枯。顶峰千丈金芙蕖，一叶金华落婺墟。天子闻之为嗟吁，大封山川名仙都。姓刘天师半山居，修真自结草屠苏。始严祠宇辟一区，至今名篆存碱砆。上下万年变万殊，水云依旧本扶疏。事载咸通端不诬，世更五代迹不除。巨宋兴王握干符，庆原尊祖礼何如？乃命天下严殿庐，治平天子榜玉虚。北客南来一字无，飘飘含蓼政如荼。崆峒童子真吾徒，心闲神应惟嗫嚅。尽收胜概赋归欤，归去东山作画图。

——宋人张因《鼎湖》

苔封辇路上青山，鹤驭辽天去不还。惟有银河秋月夜，鼎湖烟浪到人间。

——北宋科学家沈括《仙都山》

山前江水流浩浩，山上苍苍松柏老。舟中行客去纷纷，古今换易如秋草。空山楼观何峥嵘，真人王远阴长生。飞符御气朝百灵，悟道不复诵《黄庭》。龙车虎驾来下迎，去如旋风抟紫清。真人厌世不回顾，世间生死如朝暮。学仙度世岂无人，餐霞绝粒长辛苦。安得独从逍遥君，泠然乘风驾浮云，超世无有我独行。

——宋代著名诗人苏轼《留题仙都观》

李侯神仙才，宇宙在其手。古篆夸雄奇，铁柱贯金钮。标榜黄帝祠，字画气浑厚。想当落笔时，云梦吞八九。每传风雨夜，蜿蜿龙蛇走。光怪发岩窦，草木润不朽。鬼物烦撝诃，一旦忽失守。随烟遽飞腾，无复世间有。因访山中人，石刻尚仍旧。谁能一新之，易若运诸肘。

——宋人胡志道《黄帝祠宇李阳冰篆在缙云山》

唐宋时期与浙江缙云黄帝文化有关的咏题诗蔚为大观，据《缙云诗选》粗略统计，相关诗作就达130余首。上所引录只是窥豹一斑，借此寸方视角，以明黄帝文化兴盛发展期之一般概貌。不仅如此，缙云黄帝文化的传播发展，在唐宋时期，也经历了一个由唐黄帝祠宇到宋玉虚宫的物态变化，从中可以看到黄帝文化在发展中转化，在转化中发展的演进轨迹。这方面，清《浙江通志》存录有元虞集《玉虚宫记》，可以一窥其迹。文谓：

缙云仙都山者，道书以为玄都祈仙洞天，黄帝于此炼丹仙去。唐天宝中，赐号仙都山祠。宋治平三年，赐名玉虚宫。天禧间，连年敕修醮，宣和三年，毁于寇。道士游大成作之，开庆中，郡守刘安更定面势，命道士陈观定改作。入元，宫日废，道士赵嗣祺世居缙云，受业兹山，延祐元年，奉旨主领宫事，始重新之。至顺二年，仙都宫成，勒文表之石。

此外，现存日本内阁文库之明《仙都志》，其中记录元虞集《玉虚宫记》内容颇详，可补《浙江通志》之不足。文谓：

缙云县仙都山者，道家书以为玄都祈福洞天。相传黄帝曾于此炼丹而仙去。唐天宝中，赐号仙都山祠。宋（英宗）治平三年，赐名玉虚宫。

天禧中，连年敕修醮，宣和三年毁于寇。道士游大成作之，开庆中，郡守刘安相阴阳，更定面势，命道士陈观定改作之。内附国朝主宫事者，四方之人皆得为之，而宫日废。

道士赵嗣祺世居缙云，受业兹山，去而学仙武夷山，数年后，入京师，朝中贵人喜之。延祐元年，钦奉圣旨主领宫事，始重新之。三年，刻铜印授之，视五品。五年，受宣命住持，兼领本路宫观，嗣汉三十九代天师，及玄教大宗师。请以宫中师弟子甲乙，相次主其宫事。闻有旨从之，泰定二年也。嗣祺遂承诏，遍祀东南名山。归至建康玄妙观，得谒今上皇帝于潜邸。至顺二年来见，因求归仙都不获请，有旨更赐号曰“教门真士玄明通道虚一先生”。乃来告曰：仙都宫成，未有记，今既未克归，惧因循无以示久远，幸勒文表之，乃为著铭，曰：

缙云之墟，有峻其高。旁无引缘，上干云霄。轩后神明，去世邈辽。祠宇在焉，冲融逍遥。微音出空，岂其下遨。有宫有庐，有坛有畤。天光昭宣，百灵萃止。疵疠不作，锡我繁祉。室有寿耇，孙曾妇子。不知不识，明粢甘醴。维昔轩后，广成是师。千二百岁，而身不衰。究观绪言，澹乎无为。以修其身，民用雍熙。请以告民，万年如斯……（元）至顺二年……先生乃来告曰：仙都宫成，未有记。（按，系指玉虚宫重建）

三、“祠古钟声远，祠中香火红”：黄帝文化的起落复兴

接续前文所引虞集《玉虚宫记》，不难看出浙江缙云黄帝文化在宋元之际的变迁概貌。唐、北宋时期，黄帝文化在浙江、在缙云，确乎处于一个兴盛发展阶段。迄两宋之交，遭逢“靖康之乱”，南宋及元朝时期的黄帝文化与时局和所处时代一样，尚处于恢复发展期。据地方史志资料，一直到明清，乃至近代，包括缙云在内的浙江之地，黄帝文化的传承，始终是一种起落不定的样态。浙江黄帝文化的春天，无疑自新中国改革开放始。

改革开放四十年以来，随着经济的发展和国力的增强，一个重

塑了自信心的民族必然会重新认识自己的传统，重新礼敬包括黄帝文化在内的中华优秀传统文化。就黄帝文化而言，其在新时期、新时代的发展，自然不是一个简单的中兴或再起，而应是非“复兴”不足以言表的文化实践。一如张广志先生所指出：“所谓‘复兴’，自然不是向兴盛期仙化了的黄帝文化的简单回归，而是适应改革开放新时期的时代需求，被赋予了全新的内容，即正确引导人们把黄帝作为中华民族的人文初祖予以崇敬、纪念，并借助缙云得天独厚的自然风光和积淀深厚的黄帝文化资源大力发展旅游业。”因此，黄帝文化在新时代的复兴与发展，应当是在新的历史条件下的创造性转化和创新性发展。

近年来，浙江缙云仙都黄帝文化景区先后被批准为省级风景名胜区、国家重点风景名胜区；1998年，气势恢宏的黄帝祠宇重建竣工。相传，九九重阳节是黄帝乘龙羽化成仙的日子。因此，经当地有关部门确定，在这一天举办一年一度的仙都旅游文化节，并由地方政府主持黄帝公祭活动。

回望改革开放以来一路发展的缙云黄帝文化，笔者试作《缙云竹枝词》，聊以表达对起落复兴、丰富多彩的缙云黄帝文化的感受：

括苍山高好溪长，中原北望不才子。
杉叶萧萧桂叶碧，万里远徙缙云山。
仙都苍苍水灵灵，黄帝族迁不须还。
乘龙羽化去无踪，唯有千秋鼎湖水。
风潋雨点洒晴天，相将叩池问徐公。
徐凝题诗历千载，绿水青山话当年。

众所周知，文化名片与文化形象是一个地方外在面貌和内在性格互为表里的统一。它既是一个地方历史文化个性的印证，也是一个地方文化理念、行为和景观的外在表现。一般意义上说，文化形象包含三个层次：

第一层次形象系物质层面。它包括相关建筑的布局及其建筑风格、基础设施的状况和水平、经济实力及社会公共秩序情况等。目前的缙云黄帝祠宇主体建筑，无论是规模还是建筑风格，与升格为省祭后的祭典硬件要求，应当说基本匹配。问题主要还是在与祭祀大典配套的一些基础设施，需要进一步加以完善。考虑到祭典升格后，随着缙云作为中国南方黄帝文化故里影响力的不断扩大，参与人数总量势必会大幅增加，现有的观礼场区升级改造难度很大，难以实现扩容增量。据悉，在文史专家、文博专家参与论证下，专业设计团队已开展相应规划。

第二层次形象系制度层面。它包括相应的体制机制问题和社会治理层面所展示的服务水准及其所透射出的管理水平和治理能力等方面内容。仙都景区周边环境的整治和祭祖接待服务能力的提升，仍需进一步加大力度，要有相应的制度跟进和措施保障；将黄帝文化蕴含的典范政治这一优秀传统文化，创造性转化为清廉浙江、法治浙江、平安浙江、幸福浙江建设的重要内涵因子。

第三层次形象系文化层面。是指居民言行、人际关系、风土人情等所折射出来的民众素质和观念。这是就一般层面而言，站在浙江省建设中国南方黄帝文化研究中心、祭祀中心和辐射中心的高度看问题，文化形象很重要。浙江缙云黄帝文化传承久远、滋养民族、影响后世，黄帝文化不仅是文化浙江建设的金名片和重要文化印记，还是优秀传统文化传承转化的重要抓手。应当把黄帝文化这一具有标识性的文化现象和文化资源发掘好、保护好、传承好、利用好，要充分认识到黄帝文化的生命力在民间、在群众，因此要将相关社会和文化工作与黄帝文化濡染乡风民俗建设有机融合起来，提升民众的文化自豪感和文化自信心。

综上，轩辕黄帝作为大至浙江、中及丽水、小到缙云历史文化传说的地标性人物和典范文化形象，在文化名片和文化形象塑造方面，任重道远。这里引申一个话题，对缙云黄帝文化特点再略加讨论，认为“地域性”“连续性”“研究性”“凝聚性”，可视为缙云黄帝文化的代表性特点。

其一，地域性。浙江缙云是中国南方黄帝文化三大中心：祭祀中心、研究中心、辐射中心，更为突出的是它已成功转化为浙江弘扬中华优秀传统文化、传承中华文脉的新时代文化高地。接下来的工作是要充分发挥三个中心的效应，发展好、传承好、创新好这一文化高地，使之具有经典性和不可替代性。

其二，连续性。缙云民间祭黄，至迟应在魏晋时期即已出现。至于官方祭黄，自唐以来赓续不断，形成了以祠宇庙祭为特征的黄帝祭典。新中国改革开放以来，缙云黄帝祭典在传承中发展，2021年成功升格省级祭典，相信浙江会以一张蓝图绘到底的精神，办出特色，办出品位，办出水平，越办越好。

其三，研究性，或曰学术性。缙云黄帝文化研究起点高，从20世纪90年代起，缙云党政部门和地方文化研究者与浙江省历史学会、中国先秦史学会合作，使缙云黄帝文化的研究，从开始起步就站在学术研究的高位。事实证明，地方文化研究必须借助学术研究之力才能行稳致远，取得成效。这是地方文化建设的一条重要经验。

其四，凝聚性。主要表现在三个方面：一是物质层面。建议以陕西黄陵、河南新郑、浙江缙云、河北涿鹿和安徽黄山五地沿线主题明确、内涵清晰、影响突出的黄帝文化资源为主干，联合创建国家文化公园，生动呈现黄帝文化所蕴含的中华民族独特的伦理文化、祖宗信仰和天道信仰及其价值理念。二是精神文化层面。缙云凭依中国南方黄帝文化祭祀、研究和辐射中心的优势，2021年成功获批海峡两岸交流基地，并升格为省级祭典。应当以此为契机，将缙云建设成为具有鲜明的浙江文化印记之凝聚海内外中华儿女的又一精神家园和文化圣地。三是大众生活层面。这里不妨展开一谈：即缙云黄帝文化相关机构（黄帝文化书院、缙云黄帝文化发展中心、中国先秦史学会缙云黄帝文化研究中心等）不仅要做好历史文化的发掘、整理和宣传工作，还要以《黄帝内经》为发力点，做好黄帝文化健康养生这篇大文章。《黄帝内经》虽系附会于黄帝名下，但既托名于黄帝，说明作者内心服膺黄帝及其文化理念。因此，研究《黄帝内经》养生思想，充分依托丽水佳绝的绿色山水自然环境，建设中国南方黄帝文化养生福地，无疑是复兴黄帝文化的题中之义。仔细研读分析，《黄帝内经》渗透着古人丰富的养生智慧，其中不乏有益于人心智健康的诸多论述。兹据《黄帝内经・灵枢・本藏》疏证一二，其文谓：“是故血和则经脉流行，营复阴阳，筋骨劲强，关节清利矣；卫气和则分肉解利，皮肤调柔，腠理致密矣；志意和则精神专直，魂魄不散，悔怒不起，五藏（脏）不受邪矣；寒温和则六腑化谷，风痹不作，经脉通利，肢节得安矣，此人之常平也。”在作者看来，养生之要诀，端在一个“和”字，观测点在“四和”：即血和、卫气和、志意和、寒温和。其中血和，系指血脉运行顺畅，确保人能活动如常；卫气和，就是养精气，精气为人体中饮食水谷所化生，具有卫护肌表、抗御外邪的作用；志意和，养志则心通，就是思想和精神合一，心志合一，《荀子·修身》有谓："志意修则骄富贵，道义重则轻王公"；寒温和，则是人体对外界气候冷暖变化的适应度。需予以说明的是，康养不是一般意义上的健康养生，而是一个随着时代发展不断孕育产生新内涵的包容性概念。因此，这也是对《黄帝内经》康养理念的一种创新性发展。这里"康"是身心，是健体的方向，养是过程。正如学者指出的康养要兼顾生命的三个"度"：长度（寿命）、厚度（精神层面）、自由度（生命质量）。文天祥在《正气歌》中曾自述被元军羁押期间关在一个破旧的草棚子里整整两年，周围环境极其恶劣，一边是茅厕，一边是厨房，夏天热气腾腾，冬天寒气逼人，有八种邪气一直在干扰他。但是因为他有一种天地之浩然正气，所以这两年间居然没有得任何病，有了正心就有正气，心志合一就可以抵御百邪。因此，在文天祥的身上我们看到了生命的厚度和质量。从生命的三个维度的认识出发，可以说，康养涵括了人生的各个年龄段，它的受众群体并不是只有老年人，而应包含所有人群。这是因为人生在不同的年龄段，都存在不同程度不同类型的康养需求。据《中国健康养生大数据报告》分析，如今18岁至35岁的群体已经占据了康养运动群体的八成。也就是说越来越多的年轻人正在汇成一股新的康养浪潮，成为健康养生群体的生力军。一种全新的康养概念——全龄康养正在颠覆人们的传统认知。当然，年龄不同，养生方式也有差异。以40—50岁为分界点，年轻人偏爱运动健身养生，年长者则偏于柔性健身活动（哲学家楼宇烈先生就有著名的16字养生诀：蹲蹲起起、拍拍打打、扭扭捏捏、溜溜达达）。正是基于这样一种新理念、新认识，国务院制订了《"健康中国2030"规划纲要》，其中“康养小镇”建设已上升为国家战略，以健康产业为核心，以生态环境为旨归，将健康、养生、养老、休闲、旅游等多元功能融为一体，形成以绿色、生态康养为特色的新业态和新发展模式。相信“健康中国”一定会成为中华民族永续发展的重要理念。

以历史为基，从文化的角度看问题，无疑是黄帝文化研究应予坚持的方向。要把黄帝文化提升到建设中华民族共同体的政治高度和传承创新中华优秀传统文化的文化高度，重新加以认识。

浙江缙云拥有优越的山水自然生态禀赋，一流的历史文化底蕴，得天独厚的黄帝文化。在国家一级学会中国先秦史学会的学术引领和关心助力下，已成为世所公认的中国南方黄帝文化研究中心、祭祀中心和辐射中心。当下，缙云要在海峡两岸交流基地获批和轩辕黄帝祭典升格的基础上，坚持守正创新，着力建设好第四个中心——中华民族文化根脉展示中心，使之成为浙江文化印记的新时代文化高地。这既是一种文化自觉和文化自信，也是贯彻习近平总书记弘扬中华优秀传统文化重要讲话精神，落实“全面贯彻新时代中国特色社会主义思想”“马克思主义基本原理同中华优秀传统文化相结合”的要求，在浙江、在丽水、在缙云的具体体现。

中国先秦史学会会长宫长为教授指出：“五千年文明从哪里说起，我们按照司马迁的说法，就应该从‘五帝’说起，就应该从黄帝说起，就应该从我们缙云黄帝文化说起，按照习近平总书记的要求，我们要特别重视挖掘中华五千年文明中的精华，弘扬中华优秀传统文化，我们要从根脉抓起，要从黄帝文化做起，要从缙云黄帝文化走起。”

2022年，浙江省第十五次党代会报告将黄帝文化提升到建设新时代文化高地的政治高度。因此，充分认识缙云黄帝文化对文化浙江建设和建设中国南方黄帝文化重要窗口意义重大。

我们注意到，后世祭祀黄帝的方式主要为两类：一类如清明上坟祭祖之墓祭，如陕西黄陵；一类则为庙祭，如河南新郑、浙江缙云等。

在传承发展过程中，浙江缙云祭黄已经形成了自己独特的祭典文化——南祠祭黄。因此，位处江南的地域性，是浙江黄帝祭典文化的一个特点，体现出江南文化的典型特征。首先，缙云有得天独厚的黄帝文化CI标识——仙都鼎湖峰，这也是道教文化钟情于此的原因，直入苍穹的鼎湖峰为道教文化宣传黄帝羽化成仙提供了一个十分便当的具象化载体。今天，站在现代人的思考维度，置身仙都，转形移步间，高耸入云的鼎湖峰又形似一个巨擘在为绿水青山的中国点赞！其次，祭祀大典中的唐风宋韵乐舞告祭和演职人员服饰所用之“缙云色”，皆具有鲜明的南方黄帝文化特点。而且这个

中国首届黄帝文化学术研讨会在缙云召开

乐舞乃出典有自，据《图经》记载：“唐天宝七年六月八日，彩云起于李溪源，覆绕缙云山独峰之顶，云中仙乐响亮，鸾鹤飞舞……诸山皆应。”

作为中国南方黄帝文化的研究中心、祭祀中心和辐射中心，缙云的黄帝文化研究，一开始就是高起点学术研究，高站位思考谋划和引领。缙云县与国家一级学会中国先秦史学会的合作，就是这种高起点、高站位的生动体现。

在中国先秦史学会的大力助推下，缙云黄帝文化的发掘和研究，始终坚持以科学的精神进行学术探讨和文化研究，双方先后举办六届全国规模的黄帝文化学术研讨会，极大地增强和凸显了缙云作为中国南方黄帝文化传承地的唯一性和不可替代性，成为浙江在江南“源文化”上无出其右的一座靓丽文化地标。

浙江缙云黄帝文化流传久远、滋养民族、影响后世，黄帝文化不仅是文化浙江的金名片，也是优秀传统文化传承转化的重要抓手。应当把黄帝文化这一具有标识性的文化现象和文化资源发掘好、保护好、传承好、利用好，要依托中国南方黄帝文化祭祀、研究和辐射中心的优势，加大力度建设好第四个中心——中国南方中华民族文化根脉展示中心。简言之，建设好中国南方黄帝文化展示中心。大数据时代，要充分运用数字化技术，深度挖掘宗谱信息，开展海峡两岸宗谱交流，通过黄帝文化展示中心，研究展示中华民族丰富的宗谱文化和百家姓文化，使之成为海内外中华儿女寻根之旅的南方驿站。

牟钟鉴先生曾总结以黄帝为首的五帝信仰的共同点——“圣明、仁德、益民、和平、功业盛大”，认为“先民在塑造五帝形象的同时，其实就是在铸造中华民族的品格，其核心是民本、贵和、创新。这种文化基因后来经由孔子、老子加以弘扬，奠定了中华民族长期发展的精神方向”。

黄帝精神及其文化传播，形塑了众多部族、民族对于黄帝子孙的文化认同。因此，深入挖掘和弘扬黄帝文化及其精神，对于凝聚人心，增强民族认同和文化认同，其价值意义不容小觑。

此正是：

巍巍轩辕，赫赫初祖。
肇造华夏，宅兹中国。
创制定式，人文立邦。
以武止戈，垂教修德。
恩泽后土，永世其芳。
伟哉吾祖！
五千年文明开基立业；
大哉吾祖！
十四亿神州仰荷福荫。
沧海横流，兴忽孰料。
国耻族难，海内板荡。
日出东方，兴国有道。
斯逢盛世，物阜民康。
科学发展，蓝图朗朗。
美丽中国，生态示范。
复兴之路，五星辉耀。
雄哉中华！
五十六个民族团结如一志昂扬；

壮哉中华！

九百六十万平方公里江山永固。

括苍烈烈，钱江汤汤。

茫茫祖迹，好溪泱泱。

良渚古邑，文明初曙。

吴歌越吟，春秋唱晚。

唐风宋韵，浙里华章。

阳明心学，思想翰音。

文澜江南，学术鸿基。

活力浙江，潮起鼎湖。

红船引航，继往开来。

第五章

姓氏家国

——黄帝文化与中华民族共同体意识

从全球史的角度看，人类是从一个个彼此孤立的分散的点，逐渐走向相互联系的整体的面，在从分散走向整体的漫长过程中，经受无数次由于语言、宗教信仰等的不同而带来的种种排异反应或曰文化阵痛。在这个过程中，有太多的文化体因着排异反应过剧而陨落长河。有意味的是，中国文化却跳出这种规律似的魔咒而独善其身，历经苍黄风雨始终岿然傲立。细析之，中国文化禀赋其他文化难以望其项背的代谢文化特征，即以不计较为表征的文化包容性。

以黄帝史事为例，唯其不计较，故敢为天下先，政治上“同仁一视”，揭橥族邦文明先河；经济上“顺四时之所宜而布种百谷草木”；文化上发明文字，制定历法，创制音乐。黄帝苗裔说、黄帝子孙说，从伦理文化的维度，回答了黄帝文化何以薪火相传的历史连续性问题；黄帝与炎帝、黄帝与蚩尤之间的阪泉之战、涿鹿之战及其结果，凸显中华文明的统一性、包容性与和平性。

第一节　家国情怀与黄帝文化

一、黄帝文化的历史建构

从时间轴划分，黄帝文化在历史上概约经历了五次大的建构。春秋战国时期，以诸子学开其端，这是黄帝文化的第一次建构；汉代是第二次建构（按，见之于《汉书·艺文志》）；唐代是为第三次建构（按，见诸《旧唐书·经籍志》和《新唐书·艺文志》）；第四次建构则是在近代，面对民族危机，革命党人抉微发识，重新发现和认识黄帝的价值意义；第五次建构是在新中国成立后的改革开放新时期。

春秋战国时期，伴随人们对政治失序、社会失范的反思，重新认识历史，从历史中提取有效资源成为时代的课题。于是重构古史体系，重建历史记忆，建构一种以古圣贤帝为核心的历史叙事和政治话语系统，就成为新兴的士阶层追求贤德政治的内在要求。当此之时，黄帝叙事及其文化建构在《左传》《国语》《墨子》《庄子》《商君书》《韩非子》《管子》《吕氏春秋》等诸子书多有记录和呈现，其中尤以《国语》最为系统，可视为黄帝文化发生学的奠基之作。

盛世之春，文化多建设；存亡之秋，文化负使命。这是历史上的一个重要通例。汉唐作为中国历史上两个重要的极富影响力的盛世皇朝，都曾有对黄帝文化的建构。如汉初治国理政的思想旗幡就是黄老学说，至司马迁时代则对黄帝为代表的五帝谱系进行系统梳理与研究。需予以说明的是，《史记·五帝本纪》是继春秋战国思想文化大奠基时代，以《国语》等为基盘的诸子学对黄帝文化第一次建构之后，对黄帝叙事和黄帝文化的又一次全方位建构。正是《史记·五帝本纪》之《黄帝纪》的史学建构，标志着黄帝文化建构的完成。放在今天的时空背景下，对太史公司马迁的黄帝叙事与文化的建构，怎么高估都不过分。司马迁当年搜集的各地“言不雅驯”的“百家”关于黄帝的断续记忆，乃是人类遗落在时间长河中的一段段记忆残片。如同今天考古学和历史学工作者对甲骨残片的缀合与整理一样，司马迁通过缀合、整理口耳相传的记忆碎片，写出《五帝本纪》，这是一个了不起的壮举，某种意义上，也是历史学者对中国上古史和中国早期文明的第一次重建，意义重大，影响深远。就此而言，司马迁是当之无愧的“文史祖宗”。联系习近平总书记关于中华文明五个突出特性的重要论述，可以说，司马迁梳理并建构了由黄帝开篇的中华文明连续性的历史叙事。在这样一个叙事体系中，家国叙事与家国情怀可以说是一以贯之。

黄帝文化的第三次建构，是随着唐宋以降江南成为中国的基本经济区而发生的。其中在文化载体或者说信仰载体方面颇具影响力的事件，包括武周时期以黄帝缙云氏名号在浙江设县，以及唐玄宗时期将安徽黟山更名黄山，将山东传说中大禹导河入海功成地命名为禹城等文化建设举措。迄宋，则有官方祭黄投放“金龙玉简”等的祈福活动。

历史进入近代，伴随着民族意识的觉醒，中华民族概念的提出，黄帝文化及其信仰作为中华民族凝聚力的旗帜和象征，开始了它的第四次建构。著名者如清末《黄帝魂》《黄帝纪年论》等的问世。邹容《革命军》有云："当知中国者，中国人之中国也。中国之一块土，为我始祖黄帝所遗传，子子孙孙，绵绵延延，生于斯，长于斯，衣食于斯，当共守而如替。"在全民族抗战时期，面对日本帝国主义的侵略，黄帝文化及信仰在增强民族凝聚力方面当仁不让地扮演了重要角色。在《中共中央为公布国共合作宣言》中，中国共产党人提出"要把这个民族的光辉前途变为现实的独立自由幸福的新中国，仍需要全国同胞，每一个热血的黄帝子孙，坚韧不拔地努力奋斗。中国共产党愿当此时机，向全国同胞提出我们奋斗之总的目标"。1938年12月，《申报》报道《华侨对于抗战的贡献》，文谓："中国在这次抵抗日本侵略的神圣革命战争中，凡是炎黄遗胄，勿论国内人民或海外侨胞，不分老幼男女，不管党派异同，大家都在尽其全力以为国家牺牲。这种全国团结一致共赴国难的精神，乃是数千年来中国历史上所未有的奇迹！中国之不会为外寇所征服，这种奇迹便是铁一样的保证。"

论及黄帝文化之建构，除却以时间轴为观测点外，还存在着另一条脉络，即道家、道教一途对黄帝文化及其信仰的次第建构。值得指出的是，黄帝文化的道家叙事最初与"道家者流，盖出于史官"的历史文化传承有关，于是有先秦道家老庄之学、稷下黄老之学对黄帝事迹的钩沉。其后历"汉魏晋南北朝—隋唐五代—宋元明清"之道教文化之渲染，黄帝文化根深叶茂。

当代黄帝文化及其信仰的建构，始于改革开放新的时代环境。应当说，这是黄帝文化的第五次建构。即黄帝文化作为中华民族共同体意识的核心与本源，其价值意义在新的历史条件下，被人们重新认知与体验。就其载体而言，主要呈现为三大祭祀地和两种祭祀方式。三大祭祀地系指：陕西黄陵、河南新郑和浙江缙云。两种祭祀方式是指：一为清明祭祖之墓祭，如陕西黄陵；二为庙祭先祖，如河南新郑、浙江缙云。

以浙江祭黄为例，在传承发展中，浙江祭黄已然形成自己独特的祭典文化——南祠祭黄。前所述及，地域性无疑是浙江黄帝祭典的一个特点，作为中国南方黄帝暨黄帝文化祭祀中心、研究中心、辐射中心和展示中心，浙江祭黄体现出江南儒道文化濡染融汇的典型特征。庙祭道场——黄帝祠宇建于缙云鼎湖峰下。唐李阳冰职任缙云县令时，曾题篆“黄帝祠宇”，留下千秋法体。今则有“甲骨四堂”之后，甲骨学殿军宋镇豪手书甲骨文体“黄帝祠宇”墨宝题赠缙云，堪称“时空鉴书，文化传承”。

宋镇豪题“黄帝祠宇　缙云之渊”

二、黄帝文化的伦理建构

袁行霈先生在《中华文明史》总绪论中谈及中华文明延续不断的原因，认为还可以深入到中华文明内部来考察，提出“其中有一些因素有利于文明的延续，例如祖先崇拜所起的作用”。祖先崇拜“其表现之一就是神化祖先的能力和功绩，把他们奉为神灵进行祭祀，祈求护佑。小到一个家庭，大到一个家族、宗族，更大到一个民族，都崇拜自己的祖先，祖先就是神。这种以血缘为纽带的关系，发挥着巨大的维系文明的作用”。袁行霈指出，对中华民族共同祖先黄、炎二帝的崇拜，“使中华文明在多元发展的同时，一以贯之地保持了连续性。祖先崇拜的底蕴是强烈的本根意识，就是对自身本源之探究、认同、尊重与返归。《道德经·归根第十六》：‘夫物芸芸，各复归其根。’《淮南子·原道训》：‘万物有所生，而独知守其根。’归根、守根与现在常说的寻根，都体现了同一种本根意识，这是维系中华文明使之绵延不断的一个重要原因。与祖先崇拜相关，以家庭和宗族为基本单位的社会模式，家庭、宗族与国家的同构性，以及宗族作为国与家的中介，都发挥着协调关系、维系国家、延续历史的作用”。信哉斯言！缘乎此，中华文明历经风雨苍黄，凭依祖先崇拜的伦理建构，在演进发展中表现出巨大的凝聚力。

前所述及，进入族邦国家的五帝时代，是中国古代文明的肇始期。一如李伯谦先生所论：黄帝时代“是中国历史的开始，也就是中国国家的开始”。黄帝部族通过与炎帝部族结盟联姻，支裔繁衍，瓜瓞延绵，从而形成以黄帝为共祖的源远流长的部族共同体。黄帝作为中华民族人文初祖，被历史上诸多民族奉为血缘和文化的祖源，进而成为中华民族的图腾和精神标识。检校古代早期文献，早在春秋战国诸子文化时代，黄帝形象经由诸子学的建构，其作为华夏族祖先的地位就已经确立。

《史记》记载，“黄帝二十五子，其得姓者十四人”。张守节《史记正义》引《国语》胥臣云：“黄帝之子二十五宗，其得姓者十四人，为十二姓，姬、酉、祁、己、滕、箴、任、荀、僖、姞、儇、依是也。”说明黄帝族系有25个支族，其中14个支族发展势头强劲。在司马迁看来，“五帝”同祖，其依据主要采信于《大戴礼记》之《五帝德》《帝系》。翻检《帝系》及《史记·五帝本纪》，谓高阳氏（颛顼）和高辛氏（帝喾）均为黄帝苗裔，高阳氏和高辛氏又各有才子8人，组成16族，“世济其美，不陨其名”。此外，尚有不才子4人，这应当是黄帝族中被边缘的支族，其被称为“四凶族”，至舜的时代，“迁于四裔”。如此看，黄帝族系在五帝时代似呈一种主体线性发展和边缘支族散布发展的特点，在其后此消彼长的岁月中，这些黄帝族系后裔，逐渐发展演化成为早期文明星河中璀璨夺目的星斗。

关于黄帝12姓在后世的发展，李桂民先生曾撰文考证，指出：黄帝12姓中，以姬、姞、祁、任等姓族的发展较为突出，其中尤以姬姓发展最著。周人代商以后，将其子弟不断分封到各地做诸侯，仅周初文王、武王、周公之子被分封的就有26人之多，管、蔡、郕、霍、鲁、卫、毛、聃、郜、雍、曹、滕、毕、原、酆、郇等16国为文王之子封国；邘、晋、应、韩等4国为武王之子封国；凡、蒋、邢、茅、胙、祭等6国为周公之子封国，其后陆续又有姬姓治国分封，由此进一步扩大了其远祖黄帝的影响。认为，早期的黄帝12姓追宗黄帝的说法较为可信，属于血缘上的认同。而且，西周时期，主要族系的源流人们大体清楚，社会政治奉行“兴灭国，继绝世”的价值取向。《史记·周本纪第四》载，武王在克殷后，“追思先圣王，乃褒封神农之后于焦，黄帝之后于祝，帝尧之后于蓟，帝舜之后于陈，大禹之后于杞”。如此使得先王后裔仍能葆有对其先祖的祭祀权利，正所谓“保姓受氏，以守宗祊，世不绝祀”。

从民族融合和文化认同的角度看，黄帝作为中华民族的共同祖先，在历史上为史籍所载录，世人所公认。梁启超云：“据旧史，则唐虞夏商周秦汉，皆同祖黄帝，而后世所传姓谱，大抵非太岳胤孙，即高阳苗裔。”以先秦时期的楚、越而论，楚国先祖即出自黄帝之后的颛顼（高阳氏），《左传·昭公十二年》载，楚灵王曾言及“昔我皇祖伯父昆吾”，据祝融八姓世系表，昆吾系颛顼第五代子孙，为黄帝之后。不仅如此，诗人屈原《楚辞·离骚》述其祖先，也称自己系“帝高阳之苗裔”。越人述及自己的先祖，往往称其是夏禹之后。如《越绝书》谓：“昔者越之先君无余，乃禹之世（嗣），别封于越。”《吴越春秋》载越王勾践语：“吾自禹之后，承元（允）常之德。”《汉书·地理志》亦载：越地，“其君禹后，夏少康之庶子云。封于会稽”。对楚、越和夏后氏，乃至与黄帝的关系，唐嘉弘先生亦分析指出：“我国史籍讲到远古传说时代的历史，大多以高阳和高辛为主要系统，尧、舜、禹、汤、文、武以及夏、商、周以外的其他许多小国君侯，多由此二系统所衍生和繁殖。这种安排，如果用民族学上的‘两合组织’或‘两个半边’的社会结构来解释，可以说，是有充分的根据和相当合适的。高阳系统和高辛系统之间的通婚事例，亦可以说明这一问题。二‘高’传说，并非纯属荒诞无稽之谈。颛顼即高阳，作为‘两合组织’的一个‘半边’，又不断地增殖和裂变为更加复杂的结构和树枝状系谱。‘祝融八姓’，皆属高阳后嗣，部分地反映了这一树枝状系谱的具体面貌。”追根寻源，从楚、越族系源流的一个侧面，可以折射出历史的全息图谱。可知，黄帝确乎是中华民族文明开化时代的共同始祖。黄帝及其文化的历史地位，是历史运动水到渠成的结果。黄帝“人文初祖”的身份，昭示了中华民族根深蒂固的文化伦理。

窃以为，唯有持守伦理、敬畏伦理的民族，才能重建自己的文化信仰。笔者曾参加在山东师范大学齐鲁文化研究院举办的“诸子百家与中华文明的轴心时代”学术研讨会。讨论中提到弗朗西斯·福山的历史终结论，在福山看来，欧洲文明是不可持续的，并以希腊、罗马为例进行分析说明。对此，笔者在会上提出一个观点：即大一统条件下的，以“天地君（国）亲师”为表征的伦理型政治文化体制，是支撑中华民族历千年风雨侵蚀而屹立不倒的关节所在。这里的“天地”，其实就是自然伦理；“君（国）”乃政治伦理；“亲”系血缘伦理；“师”乃事业伦理。说到底，黄帝文化的伦理建构，其实也是一种人类根性的“信仰催生”。理由很简单，因为需要，所以行动。

三、黄帝文化的价值建构

近代学者刘咸忻读《史记》曾注意到：“史公论语，屡言五帝，无以陶唐为主之意。”《史记》以《五帝本纪》为开篇，是司马迁一次重要的知识和价值建构，其意义在于，以此揭橥阪泉之战与涿鹿之战的意义，归其要旨就在于“大一统”，在于民族凝聚力的锻造。因此，司马迁以黄帝及其时代（包括炎帝、蚩尤、共工）作为中华民族形成的源头，具有不凡的史识。这是司马迁的大局观和大历史观，是他对先秦诸子历史观的一大突破。

黄帝文化是中华民族的文化源头、文化基础和文化基因。正如李济先生所说："中国历史是人类全部历史中最光荣的一面，只有把它放在全人类历史的背景上看，它的光辉才更显得鲜明。"

在新时代"两个结合"的当下，应当将黄帝文化建设，放在建设中国自主知识体系的高度和推进实现中国式现代化的战略高度，放在建设具有中国特色、中国风格、中国气派的学科体系、学术体系和话语体系的高度，重新加以认识。

一是建设中国自主知识体系的黄帝文化，有助于从中华民族发展史的角度理解中国道路。中华文明能够形成一个巨大的文明时空实体，在世界文明中独树一帜，世罕其匹地一路走来，其中一个很重要的原因，就是中华文化的伦理文化本位特质。形成这一文化特质的根本原因，在于以小农生活为本质规定的农耕经济，在于以家族繁衍为目标考量的家族主义或家族本位原则。黄帝文化作为中华伦理本位之源，犹如源头活水，不断激发中华文明始终以新形态的实践，在返本开新中丰富和发展中国道路的内涵。

二是建设中国自主知识体系的黄帝文化，有助于从体制运行的层面诠释制度自信。《拾遗记》载，黄帝"置四史以主图籍。使九行之士以统万国。九行者，孝、慈、文、信、言、忠、恭、勇、义，以观天地，以祠万灵，亦为九德之臣"。古人论及夏、商、周三代的制度文化，概三字以蔽之：忠、敬、文。言之谓：夏忠、商敬、周文。这里所谓夏忠，据《逸周书》，"忠"为九德之首，《周礼》亦为六德之一；商敬之"敬"，《说文》释"敬"曰"肃"，段注："肃者，持事振敬也。"至于周文，"文"什么？制度建设上便是——周公制礼作乐，培养文质彬彬的君子人格，由此亦奠基古代中国“为政以礼”“为国以礼”的礼乐制度文明。从黄帝时代的九行、九德，到夏、商、周三代之制度文化关键字——忠、敬、文，凡此皆表明，制度有赖文化之滋养。什么时候，君子德风气候大成，则厚德载物之制度文化自亦瓜熟蒂落。

三是建设中国自主知识体系的黄帝文化，有助于从学理的层面认识中华优秀传统文化的理论价值，深化对马克思主义与中华优秀传统文化结合的认识。勾勒、梳理黄帝时代到黄帝信仰到黄帝文化的发展演变历程，从中可以看出，黄帝时代到黄帝文化、黄帝精神，既是中国古代黄帝文化理论的建构过程，也是中华优秀传统文化精神及价值不断淬炼的过程，更是中国化的马克思主义不断创新发展，推进中华优秀传统文化创造性转化的过程。

四是建设中国自主知识体系的黄帝文化，有助于从文化的视角认识和增强文化自信。黄帝文化及其精神是中华文化的结晶，黄帝文化及其信仰从上古三代流播影响迄今，其价值意义举凡有两点：一是农耕文明下，积久形成的众志成城，抵御自然和人为灾害，抗争不屈的民族凝聚力；二是在部族融合过程中，历史与文化层累创构所赋予黄帝的那种面对危机与困难，坚毅果敢、自强不息、厚德载物、创新发展的伟大品格，这些品格已深深融合沉淀在中华民族的精神魂魄里。由此厚积和铸就了中华民族的底气与根基，成为中华民族文化自信的价值本源。也因此，黄帝以“修德抚民，始垂衣裳以班上下”“舟楫之利，以济不通；服牛乘马，以引重致远”的人文初祖、上古圣王形象，为后世树立了一座典范人格的道德丰碑——黄帝文化信仰。传承好、发展好黄帝文化，对于认识和树立中华优秀文化伦理价值本位，丰富中华文明与中国式现代化的内涵，具有重要意义。

五是建设中国自主知识体系的黄帝文化，有助于从历史的流变中，体认和坚定历史自信。古时有虞氏禘黄帝、夏后氏禘黄帝，司马迁《史记·五帝本纪》以《黄帝纪》为第一纪，历代有祭黄仪典；近代以降，民主革命志士为唤起民众家国之情，以黄帝子孙相号召，黄藻曾以“黄帝子孙之一个人”为名编纂《黄帝魂》，鼓吹革命，许多革命党人竞相采黄帝生年为纪元之始；抗日战争时期，国共两党共同祭祀黄帝，以黄帝文化传人的身份认同砥砺民族斗志，等等。黄帝文化信仰从文化价值和精神价值的层面，形塑、构建中华民族心理文化结构，整合乃至化合民族统绪，构筑中华民族共有精神家园，始终是中华民族优秀传统文化的渊薮和伟大民族精神的旗帜。凡此，皆说明黄帝文化跨越古今的价值魅力与历史影响力。

据史学家常金仓先生的研究，中国古代存在丰富的“典范政治”资源，所谓“圣者法天，贤者法圣”。其中黄帝文化，可以说在一定意义上集中反映华夏文明初始阶段文化英雄的典范政治色彩。《吕氏春秋》有谓：“五帝先道而后德，故德莫盛焉。”因此，研究黄帝文化信仰，有益于从新的视角审视传统与现代的关系。

我们知道，中国政治传统或者说中国文化的本色、要旨，不在“规范”而在“垂范”，不在“命令”而在“教化”。即对贤人政治的历史叙事及其思想的阐扬，是以树立道德标杆和榜样，追求建立典范政治为它的价值诉求。在典范政治目标的影响、作用下，古代中国形成“法先王”“见贤思齐”的重要政治和文化传统，形成“述往思来”“鉴往知来”的历史思维特点。这里需要说明的是，春秋战国的举贤和贤人政治思潮与西周不同，它是“无类”下的举贤，是在不讲“族类”的分别（按，此前社会主流的关注点是“非我族类”)，亦即不再区分“族类”之“类”情势下的举贤，当然这是时代之手带来的一个重要变化。因此，尽管西周时期也讲举贤，但那是在贵族集团中的举贤。春秋战国则不然，那是一个布衣之士可以为将、可以为卿相的时代。此外，春秋战国时期的主流思潮无疑是改制思潮，如同理一分殊，改制是理一，举贤与禅让说、三统说、五德终始说等思潮则是改制这个主流思潮的分殊和其中的一个个具体面向，而在这其中，黄帝信仰及其黄帝文化始终是社会思想文化流变态势之总分总序列中，居于“总”的角色和地位，原因不在别处，就是因为黄帝及其文化是中华民族共同体与中华文化大一统的渊薮与枢纽。

作为一种历史的传承、文化的延续，黄帝文化信仰所凝聚的伦理价值观念、典范政治要义，至今仍存在于我们的生活和现实之中，存在于人们的头脑和思想中，它承载着历史，表达着一个民族的文化认同和知识重构。这样一种以先贤为表，“以身作则”，教化人心，注重风化芳臭的政治传统和文化思维，使得黄帝信仰的文化意象经由工具伦理的诠释，到达高山仰止的德性伦理层面。

第二节　中华民族共同体意识与黄帝文化信仰

一、黄帝是中华民族文化的旗帜

祖先信仰、家族纽带，在中华民族形成与发展的历史长河中，浪涌鼓波地形成了一个以追求多民族休戚与共统一国家为鹄的的历史运动或者说规律性的现象，其中以黄帝文化为代表的始祖文化意识无疑是这种历史运动的精神原动力。一如梁启超所说："传记所载，黄帝、尧、舜以来，文化已起。"

以黄帝文化为代表的始祖文化，是中华民族共同体意识的核心内涵。从这个认识出发，黄帝文化无疑又是国家文化。如前所述，黄帝文化作为民族共同体意识的第一次建构，始于春秋战国时期。其表征便是诸子学对黄帝文化的发掘与整理，这方面有集中系统的反映与体现的是《国语》。《国语》对黄帝事迹的爬梳和整理一开始就呈现出一种历史认同与文化认同相统一的特点。与之同时，中国人关于故里、故乡的认识，在春秋战国时期亦开始普遍化和深入人心。

黄帝作为中国历史开端时代的标志性人物，以他的名字为符号，在考古实证迄今5000年前的时间节点，突破了原始社会的氏族界限，出现了部族联盟、族邦国家发展的新的文明形态。当时迅速崛起的黄帝部族，经过与炎帝、蚩尤等部族的冲突与融合，渐而形成族邦政治的文明体。史传文献记载与考古遗址发掘的对应分析，使人们有理由相信，发生在新石器时代的人类文明的第一次突破，当是以黄帝为符号意义的族邦国家的出现。黄帝因着传说中“治五气，艺五种，抚万民，度四方”，首创制度文明，从而成为中华古典文化的代表。不仅如此，黄帝之时，还是中国历史上发明创造最早和最集中出现的一个时段。黄帝时期，出现了最早的军阵乐歌——《咸池》，出现了利于战场机动而不致迷失方向的指南车，制定了甲子和历法，改进了陶器制作工艺，将农业的进步提升到“产生高等文化”的文明高度。同时，黄帝元妃嫘祖教民养蚕缫丝。交通与商业贸易方面，黄帝致远以利天下，一方面，“刳木为舟，剡木为楫，舟楫之利，以济不通”；一方面，“服牛乘马，以引重致远”。当然，黄帝时代最重要的文明创造，当属文字的发明。考古发掘中，人们在仰韶文化和大汶口文化遗址，发现有数量不等的刻画符号和陶文，这些无疑属于人类文明开化史页上精神文明的创造印记。不唯如此，中华民族在远古时代的文化记忆，以及物质与文化创造，都不约而同地与黄帝生发关联，黄帝成为中华民族伟大创造力和创新精神的代表。

刘宝才先生指出：“5000年来，黄帝一直活在中华民族心中。有关黄帝的史前传说，从西周开始先后载入典册。从战国开始出现托名黄帝的著作，至汉代这类著作已经积累到几十种之多。汉代以后又形成大量祭祀黄帝活动的记载和祭文，以及关于黄帝的口耳相传故事。所有这些史前黄帝传说和托名黄帝的著作以及关于黄帝的民间故事，传承和发展着中华民族精神，使得黄帝成为中华民族文化的历久弥新、价值永恒的光辉旗帜。”

回眸历史，不难看出，中华思想文化发展的历程无一例外地受到黄帝文化的影响。梁启超有谓：“中国种族不一，而其学术思想之源泉，则皆自黄帝子孙来也。”检校儒家、法家、道家、兵家、阴阳家、杂家之书，即多与黄帝之道、黄帝精神有涉。如先秦诸子中的稷下黄老之学，即是以黄帝文化为其所宗。对此，孙德谦指陈：“黄帝之道，广大悉备。是故阴阳家有《黄帝泰素》焉，杂家有《孔甲盘盂》焉。孔甲者，黄帝之史。兵家有《黄帝十六篇》焉，封胡、风后、力牧、鬼容区则皆为黄帝臣矣。方伎家又有《黄帝内外经》焉。传曰：‘黄帝正名百物。’而李（理）官之设，复于黄帝。若然名、法二家，亦衍黄帝之绪。至造律吕，起消息，正衣裳，以表贵贱。儒家重礼乐，礼乐者，非黄帝所创制哉！且司马迁作《史记》，于《五帝本纪》以黄帝为首。独惜孔子所传《宰予问》《五帝德》及《帝系姓》，儒者或不传，然则儒家一流，未尝不诵法黄帝矣。”翻检《汉书·艺文志》所列《黄帝书》与春秋战国诸子学和秦汉文献，参而较之，可以看到《左传》《国语》《周易》《商君书》《韩非子》《庄子》《管子》《申子》《尉缭子》《孙子兵法》《吕氏春秋》，以及《山海经》《尸子》《列子》《新书》《史记》《礼记》《淮南子》等书皆称引黄帝，说明后世史学家和思想家是以黄帝为学术文化的宗本。就这个意义而言，黄帝文化堪称中华历史文化之根，是中华民族共同体意识和精神凝结而成的文化旗帜。

二、黄帝是中华民族历史的旗帜

历史学家王玉哲先生认为：“‘中华民族’是以汉族为主体、结合着全国五十多个少数民族的统一的多民族国家。这个多民族国家的特征，既是统一的，而各个民族又都保持着各自民族的特色的社会结构。那么，这种类型是怎么形成的？经过了什么样的具体复杂的过程？必须从历史上去追究。又因为它根植于遥远的先秦时期，所以，对中华民族早期这段历史的深入研究，对理解我们中国的现实问题极有帮助。因而，对先秦民族史的学习和探索，也应当是当今史界一项严肃的历史任务。”

知往鉴今，一如刘宝才先生所说：“中国历史是中国文明的开创和发展史，也是中华民族自身的形成和发展史。中华民族在东亚独特的地理环境中创造了适合自己生存条件的中国文明，又连续发展了中国文明。中国文明发展的历史5000年没有中断，一直连续发展至今，这在世界各民族中是独一无二的。国内外都有学者指出，连续性是中国文明不同于断裂性的西方文明的特点，并给予了充分肯定的评价。中国文明连续发展离不开中华民族连续发展，黄帝是中华民族连续发展的光辉旗帜。”

考察黄帝文化史，黄帝信仰的提出与再造，与中华民族概念的提出与使用几乎是同时的。1901年，梁启超首次使用了“中国民族”概念，他说：“中国自古称诸夏，称华夏，夏者以夏禹之朝代而得名者也。中国民族之整然成一社会，成一国家，实自大禹以后。”1902年，梁启超在《论中国学术思想变迁之大势》中正式提出了“中华民族”概念。他指出：“立于五洲中之最大洲，而为其洲中之最大国者谁乎？我中华也。人口居全地球三分之一者谁乎？我中华也。四千余年之历史未尝一中断者谁乎？我中华也。”“上古时代，我中华民族之有海（权）思想者厥惟齐。故于其间产出两种观念焉：一曰国家观，二曰世界观。”经过近代以来国家和民族观的长期熏染，黄帝为中华民族的始祖，中华民族为中国境内各族的总称，都被人们普遍认同和接受。

梁启超将中国民族的演变历史划分为三个阶段，从宏观上勾勒出三个阶段中国民族的不同特点："第一，上世史。自黄帝以迄秦之一统，是为中国之中国，即中国民族自发达、自竞争、自团结之时代也"；"第二，中世史。自秦统一后至清代乾隆之末年，是为亚洲之中国，即中国民族与亚洲各民族交涉、繁赜、竞争最激烈之时代也"；"第三，近世史。自乾隆末年以至于今日，是为世界之中国，即中国民族合同全亚洲民族与西人交涉、竞争之时代也"。

梁氏的上世史相当于笔者提出的族政时代，中世史略当于王政、皇政时代，近世史则概与近代相对应。无妨以此为视角，观察黄帝及其文化对中华民族历史的影响。在梁启超看来，黄帝时代是中国史的开篇，认为："上古之历史，至黄帝而一变，至夏禹而一变，至周初而一变，至春秋而一变。故精神文明之发达，亦缘之以为界焉。"从中华文明进程的角度去看，梁启超眼中第一阶段上世史中，以黄帝为代表的五帝时代，也是开启华夏文明之光的族邦时代，五帝之时逐步确立了中国家国一体的文明范式，其间历夏商周之王政时代。在这个过程中，先是以黄帝族为核心的部族联盟，经过五帝族邦时代的繁衍生息，至夏、商、周三代，经夷夏冲突与融合，依托族社一体的社会组织结构，有效实现了血缘和地缘关系的整合，有效支持了公共权力对社会资源的统合，形成了以夏族、商族和周族为主体的华夏族和文化圈。在这样一个交融会通的过程中，夏、商、周三族都将其族源追溯于黄帝，从而为华夏族构筑共同体意识提供了历史和文化理据。先秦时期的"诸夏一体"说，就是旨在强调华夏族是血脉同枝的同胞兄弟，因此面对来自外部的威胁时，提倡彼此应搁置争执一致对外。《诗经》中的"兄弟阋于墙，外御其侮"讲的就是这个道理。"'诸夏一体'的观念，渐深入于人之意识中，遂成为数千年来不可分裂、不可磨灭之一大民族。”至春秋末，孔子提出了华夷转化的重要判断与认识，这个思想成为筑牢中华民族共同体意识的重要理论基础。对此，梁启超分析指出：“曰‘诸夏’，曰‘夷狄’，为我族自命与命他之两主要名词，然此两名词所函之概念，随时变迁。甲时代所谓夷狄者，乙时代已全部或一部编入诸夏之范围，而同时复有新接触之夷狄发现，如是递续编入，递续接触。而今日硕大无朋之中华民族，遂得以成立。”由此，预示着中华民族共同体的建设与发展将步入一个新的历史阶段。

随着夏商周王朝政治的结束，中国进入了以大一统为表征的皇朝政治时代，此即梁氏所论“中世史”时期。在这个时代，古代中国经历了秦、汉、魏晋南北朝长达800年的岁月。秦汉大一统中央集权皇朝体制的建立，为中华民族的巩固和发展创造了重要的内部和外部环境。秦王朝尽管短祚，但其建章立制，却为历史所肯定，正所谓“中国之政，得秦皇而后行”。秦之后的西汉和东汉，俗称为“两汉”，历400年风雨苍黄，“中国之境，得汉武而后定”，正是在两汉时期，古代中国巩固和建立了一个领土广阔、人口众多、统一的多民族共同体。《册府元龟·来远》称：“古者天子守在四夷，修其教不易其俗”“咸俾遂性”“柔服之道于兹著矣”“武帝元狩二年秋，匈奴浑邪王，尽将其众渡河，降者数万人，号称十万。既至长安，天子所赏赐数十巨万。封浑邪王万户为漯阴侯，封其裨王呼毒尼为下麾侯，雁疪禽黎为河綦侯……”刘宝才先生认为：“修其教”具有建设精神文明和政治文明的意义；“不易其俗”则具有尊重各民族文化传统和生活方式的意义。这种民族思想既主张中华各民族共同发展，又要求尊重各民族的特性。汉代及以后历代统一国家的民族政策大都贯穿着这种思想，对于中华民族发展产生了深远影响。有汉一代，汉族底定形成。两汉接续了华夏族传统，突出汉与华夏族的历史连续性，笃奉以黄帝为民族始祖的信仰，宣称汉乃尧之后裔，承认汉室祖先源于黄帝族系。西汉甫一立国，为稳定局势，发展经济，高擎黄帝旗帜，治国理念奉行黄老政治，视黄帝为大一统的符号和象征。凡此意在宣示汉政权的正统性与合法性。史传所载，汉朝为黄帝后裔自不待说。据《史记·匈奴传》《北史·魏本纪》《晋书·载记十六》等的记载，匈奴、鲜卑和羌人亦都持信自己是黄帝后裔，认为其与汉同根共祖。梁启超先生从历史演变的角度，分析了中华民族的多元、混合乃至同一，认为："我国主族"为"炎黄遗胄"，中华民族"同化力最大"，"自有史以来即居于中国者也……率皆已同化于中华民族"。

刘宝才先生注意到，中华各民族一体发展的过程中，"建立过隋、唐、宋、明四个统一中国的朝代。同时，少数民族先后建立了几个政权。有的少数民族建立过区域性政权，包括契丹族建立的辽、党项族建立的夏和女真族建立的金。还有的少数民族建立了统一中国的政权，就是蒙古族建立的元朝和满族建立的清朝。中华各民族先后或者同时分别建立政权，是这个阶段突出的历史现象。这使得中华民族出现过多元发展，通过多元发展达到一体发展。无论在汉族建立政权的时候还是少数民族建立政权的时候，中国各民族的交流融合从未中断。少数民族融入汉族，汉族也融入少数民族。许多今天已经消失的中国古代少数民族，如百濮、百越、匈奴、丁令等，实际是融入了汉族和其他民族。汉族融入少数民族的史实也不少。隋末离乱，有很多汉人逃归突厥。五代时幽州、冀州多有汉人逃往契丹。清代北方汉人出边者有时一年达十多万。这些流动到少数民族地区的汉人中，有相当部分后来变成了突厥族、契丹族、蒙古族。明清时南方汉人融入少数民族的也不少，他们的后代有的甚至当了少数民族的首领，称为‘汉土司’‘汉百户’”。在刘宝才先生看来，“隋唐至明清阶段，黄帝作为中华民族光辉旗帜得到更加广泛的承认，并且得到新的解释，增加了新的内涵。这在黄帝祭祀中有明显表现。这个阶段的黄帝祭祀进一步制度化，陵祭列为国典，还在都城举行庙祭，少数民族建立的元代和清代也不例外。元代国家将黄帝作为开天辟地的先祖祭祀。明清两代特别突出黄帝的帝王身份，强调今帝王继承着古帝王的传统。明代开国皇帝朱元璋的祭文称：古帝王黄帝‘继天立极，作烝民主，神功圣德，垂法至今’‘为万世法’。明宣德皇帝朱瞻基的祭文移用张载的名言‘为天地立心，为生民立命，为万世开太平’赞颂黄帝功德。清代顺治和康熙的祭文反复声称‘继道统而新治统’，古今‘时代虽殊，而继治同道，后先一揆’。他们说清代继承黄帝的“道统”，就是宣告满族接过了黄帝的旗帜，表示对于黄帝的政治认同和文化认同。联系清代对中国历史文化传统的继承和发展，我们就能够充分体认，满族接过黄帝旗帜对于促进中华民族一体化的意义”。述及此，特别值得表记的是，一位学术巨擘在中华民族问题的研究中的思考，即1988年费孝通先生发表的长篇演讲《中华民族的多元一体格局》。费老这次的演讲词，曾经一时洛阳纸贵，反响热烈。费老在演讲中表达的观点和认识，语言生动形象，既厘清了概念，又明辨了是非。他指出：“中华各民族作为一个自觉的民族实体，是在近百年来中国和西方列强对抗中出现的，但作为一个自在的民族实体则是几千年的历史过程中所形成的……它的主流是由许许多多分散孤立存在的民族单位，经过接触、混杂、联结和融合，同时也有分裂和消亡，形成一个你来我去、我来你去，我中有你、你中有我，而又各具个性的多元统一体。”今天回过头去看，费孝通先生的认识和思考恰是摈弃西方立场的知识概念，而立基于中华民族积久形成的自主知识体系和中国历史的实际，是用中国立场的知识语言和概念，生动描绘中华民族融合发展，科学阐释中华民族概念的一次成功尝试。

三、黄帝是中华民族复兴的旗帜

辛亥女杰秋瑾《宝刀歌》有云：“忆昔我祖名轩辕，发祥根据在昆仑，辟地黄河及长江，大刀霍霍定中原。”鲁迅《自题小像》诗曰：“寄意寒星荃不察，我以我血荐轩辕。”良有以也。黄帝时代所追求的人文化成的统一前景、高度的民族凝聚力和共同体意识，为以后中国古代社会精神文明和物质文明建设，特别是近代以降的民族统合，提供了重要的基础和前提，成为中华民族复兴的旗帜。

黄帝文化是国家文化，在这里我想说的是：黄帝文化更是民族文化。有人说从历史对黄帝所赋予的文化内涵看，黄帝应该是我们中华民族、中国的创建者、缔造者，也就是中国的“国父”。这里有一个问题，即黄帝是“国父”吗？或者说可以视同为“国父”吗？“国父”称谓暂且按下后表。窃以为，黄帝不如称之为“族父”！这是因为“国”总是会消亡的，但族却不会消逝，它生生不息，超越时空，历久而弥新。黄帝文化也是历史文化、时代文化，是中华民族五千年传承不断的文化的核心。黄帝用他的发明创新创造了一个又一个传奇，黄帝精神的基因就是革故鼎新的复兴之源。因此黄帝文化既是历史的，又是现实的，更是未来的。黄帝文化从中华文明开天辟地的第一乐章走来，它承载着中华民族复兴和中国式现代化的文化基因。史传记载，黄帝时代是鸿蒙未辟的上古社会，黄帝部族与炎帝部族，以及蚩尤之九黎部族，不畏艰险，筚路蓝缕，发明农业，草创制度，孕育高等级社会文明，并以人文主义的力量化成为一个最早的中国。这是黄帝及其时代对中华文明史和世界文明史作出的最伟大贡献。

黄帝文化的核心价值是家国情怀。1905年，梁启超以饱含深情的笔触写下《历史上中国民族之观察》一文，称："吾之此论，其将唤起我民族共同之感情，抑将益增长我民族畛域之感情。"近代以来，中华民族饱受外来侵略和压迫，中国境内各民族在争取民族自由和国家独立的斗争中，发展、铸就了"中华民族是一个"（顾颉刚语）的民族自觉意识和共同体意识，从而历苦难而辉煌，经战变向复兴。鲁迅先生曾指出："惟有民魂是值得宝贵的，惟有它发扬起来，中国才有真进步。"即以20世纪三四十年代的抗日战争而论，其时中华民族大家庭中没有一个降日的民族，也没有一个亲日的民族。究其原因，中华文化中那种"重大义、轻生死"的生死观，"舍生取义""宁为玉碎、不为瓦全"的优秀品格和自强不息精神，经过抗战烈火的洗礼，已经熔铸成为不朽、不屈的中华民族精神。伟大的抗日战争，极大地促进中国各族人民的觉醒和团结，同为炎黄子孙的中华民族共同体意识空前强化。一如史学家吕思勉所言："岂有数万万的大族，数千年的大国、古国，而没有前途之理?"从白山黑水到内蒙古大草原，从天山南北到苗岭秀谷，炎黄子孙展开了全民族团结一致的救亡图存斗争。在内蒙古，1932年就成立蒙汉反帝大同盟，抗日战争期间在敌后开辟著名的大青山抗日游击根据地。1936年苗族黎明元等组成"湘西苗民革命抗日救国军"。回族人民在中国共产党的领导下，自1937年开始就在华北建立多种抗日救国组织，1940年在延安建立“回民救国协会”。驰骋于冀中平原的马本斋回民支队，曾使日本侵略军闻风丧胆。西藏爱国僧众曾经为抗日举行多达10万人的祈祷法会。凭依着千百万抗日英魂的支撑，中华民族才最终赢得了战争与和平。1945年，日本曾经检讨过这次战争失败的原因，结论之一便是：“对中国的民族主义精神理解不足”“轻视广大的中国国力和觉醒了的民众”。

刘宝才先生认为，“近代中国人扬弃了作为天神的黄帝观念，淡化了作为帝王的黄帝观念，重新突出作为祖先的黄帝观念，而对祖先观念的阐释重点移向中华文化传统。黄帝是我们中华民族的祖先，包括血缘谱系和文化渊源双重含义。黄帝与中华民族中的汉族和一些少数民族有血缘关系，是有史可考的事实。更重要的是，黄帝开创的中华文明是中华文化的源头。中华民族尊崇黄帝为‘人文初祖’，即是确认自己的归属，厘清自己的信仰。本质是文化上的寻根和认同”。

说到信仰，前已述及，中国人的信仰不是栖息在宗教的高台上，而是铭刻在自己的历史和文化记忆中，书录于自己的历史认知中，传承于民族的文化实践中。这是中华民族重视历史和文化传承的结果，也是文化成为实践，成为社会关系的共同生产因素的结果。也因此，中国人特别重视尊祖敬宗，重视身为“炎黄子孙”的血脉教育。

许倬云先生认为，中华文明进程的路线图最初“不是面的扩大，而是线的延长”。从航拍视角看，中华文化的聚落群先是黄河、长江沿岸文化的线性分布，随之以点为中心网状扩展，由此点面结合，形成天下国家、家国一体的世界观。

英国作家塞缪尔·约翰逊说：“伟大的工作，并不是用力量而是用耐心去完成的。”信然！黄帝文化信仰由古及今，经历了由血缘认同（即族群血脉到文化血脉，进而“黄帝子孙”说），到伦理认同（政治共主到文化共主之“人文初祖”），进而价值认同（一视同仁到历史认同、文化认同）之由此及彼、由表及里的文化认同过程。毫不夸大地说，黄帝文化已无可争辩地成为中华民族永续发展不可替代的重要内生性资源。

黄帝及其传说所处的时代，是中国历史开端，中华文明进程开篇的时代，是一个民族需要智者和英雄，历史需要事变创造性人物，需要伟大人物和杰出天才，并且创造了智者、伟人、英雄和天才人物的年代。黄帝文化叙事，历千载而传扬，借助积淀在中华民族原始农耕时代初民集体记忆深处的文化映像——黄帝信仰（按，正是这种历经漫长岁月积累、世代相传的精神文化记忆），使得中华文化在部族、民族记忆、信仰和精神的传承中生生不息、重构发展。黄帝文化信仰整合了民族的统绪，不仅证见了信仰的力量和伟大，而且使中华民族拥有一个共同的心理归属，起到了巩固中华民族共同体的作用，是中华民族宝贵的政治资源与文化资源。因此，传承好、发展好、转化好黄帝文化，对于铸牢中华民族共同体意识，增强中华民族的历史认同和文化认同，不仅具有积极的现实意义，还具有重要的价值意义和深远的历史意义。

参考文献

〔周〕荀子：《荀子》，清《抱经堂丛书》本。

〔周〕孟子：《孟子》，《文渊阁四库全书电子版》，上海人民出版社、迪志文化出版有限公司1999年版。

〔周〕管仲：《管子》，《四部丛刊》景宋本。

〔周〕老子：《道德经》，《文渊阁四库全书电子版》，上海人民出版社、迪志文化出版有限公司1999年版。

〔周〕庄周：《庄子》，《文渊阁四库全书电子版》，上海人民出版社、迪志文化出版有限公司1999年版。

〔周〕墨子：《墨子》，《文渊阁四库全书电子版》，上海人民出版社、迪志文化出版有限公司1999年版。

〔周〕商鞅：《商君书》，《文渊阁四库全书电子版》，上海人民出版社、迪志文化出版有限公司1999年版。

〔周〕韩非：《韩非子》，《文渊阁四库全书电子版》，上海人民出版社、迪志文化出版有限公司1999年版。

〔周〕吕不韦：《吕氏春秋》，《四部丛刊》景明本。

〔周〕屈原：《楚辞》，《文渊阁四库全书电子版》，上海人民出版社、迪志文化出版有限公司1999年版。

〔周〕《周易》，《文渊阁四库全书电子版》，上海人民出版社、迪志文化出版有限公司1999年版。

〔汉〕司马迁：《史记》，中华书局1959年版。

〔汉〕刘安：《淮南子》，《四部丛刊》景钞北宋本。

〔汉〕贾谊：《新书》，《文渊阁四库全书电子版》，上海人民出版社、迪志文化出版有限公司1999年版。

〔汉〕戴圣：《礼记》，《文渊阁四库全书电子版》，上海人民出版社、迪志文化出版有限公司1999年版。

〔汉〕董仲舒：《春秋繁露》，《文渊阁四库全书电子版》，上海人民出版社、迪志文化出版有限公司1999年版。

〔汉〕王充：《论衡》，《四部丛刊》景通津草堂本。

〔汉〕班固：《汉书》，中华书局1962年版。

〔汉〕袁康：《越绝书》，《四部丛刊》景明双柏堂本。

〔汉〕赵晔：《吴越春秋》，《文渊阁四库全书电子版》，上海人民出版社、迪志文化出版有限公司1999年版。

〔汉〕高诱：《吕氏春秋》，上海古籍出版社1996年版。

〔晋〕崔豹：《古今注》，《四部丛刊三编》景宋本。

〔晋〕杜预：《春秋左传正义》，清嘉庆二十年南昌府学重刊宋本《十三经注疏》本。

〔晋〕陈寿：《三国志》，中华书局1959年版。

〔晋〕皇甫谧：《帝王世纪》，清光绪贵筑杨氏刻《训纂堂丛书》本。

〔晋〕葛洪：《抱朴子》，《四部丛刊》景明本。

〔晋〕郭璞：《山海经》，《文渊阁四库全书电子版》，上海人民出版社、迪志文化出版有限公司1999年版。

〔晋〕王嘉：《拾遗记》，清文渊阁《四库全书》本。

〔南朝〕范晔：《后汉书》，中华书局1965年版。

〔南朝〕任昉：《述异记》，明《汉魏丛书》本。

〔南朝〕沈约：《〈竹书纪年〉注》，《四部丛刊》景明天一阁本。

〔南朝〕陶弘景：《华阳陶隐居集》，明《正统道藏》本。

〔南朝〕萧统：《文选》，胡刻本。

〔南朝〕陶弘景：《陶弘景集·水仙赋》，《文渊阁四库全书电子版》，上海人民出版社、迪志文化出版有限公司1999年版。

〔北朝〕魏收：《魏书》，中华书局1974年版。

〔唐〕李靖：《李卫公问对》，张元济（编）：《续古逸丛书》，景宋刻《武经七书》本。

〔唐〕房玄龄等：《晋书》，中华书局1974年版。

〔唐〕李延寿：《北史》，中华书局1974年版。

〔唐〕杜佑：《通典》，清武英殿刻本。

〔唐〕徐坚：《初学记》，清光绪孔氏三十三万卷堂本。

〔后晋〕刘昫：《旧唐书》，中华书局1975年版。

〔宋〕欧阳修等：《新唐书》，中华书局1975年版。

〔宋〕司马光：《资治通鉴》，《文渊阁四库全书电子版》，上海人民出版社、迪志文化出版有限公司1999年版。

〔宋〕刘恕：《通鉴外纪》，《四部丛刊》景明本。

〔宋〕李昉：《太平御览》，《四部丛刊三编》景宋本。

〔宋〕罗泌：《路史》，《文渊阁四库全书电子版》，上海人民出版社、迪志文化出版有限公司1999年版。

〔宋〕苏轼：《苏文忠公全集》，明成化本。

〔宋〕胡宏：《皇王大纪》，清文渊阁《四库全书》本。

〔宋〕寇宗奭：《本草衍义》，清《十万卷楼丛书》本。

〔宋〕陈思：《两宋名贤小集》，清文渊阁《四库全书》本。

〔宋〕高承：《事物纪原》，明弘治十八年魏氏仁实堂重刻正统本。

〔宋〕罗愿：《（淳熙）新安志》，清嘉庆十七年刻本。

〔宋〕楼钥：《攻媿集》，清《武英殿聚珍版丛书》本。

〔宋〕宋敏求：《唐大诏令集》，民国《适园丛书》刊明钞本。

〔宋〕王钦若：《册府元龟》，明刻初印本。

〔宋〕王应麟：《玉海》，清文渊阁《四库全书》本。

〔宋〕叶梦得：《避暑录话》，明崇祯毛氏汲古阁刻《津逮秘书》本。

〔宋〕乐史：《太平寰宇记》，清文渊阁《四库全书》补配《古逸丛书》景宋本。

〔宋〕张君房：《云笈七签》，《四部丛刊》景明《正统道藏》本。

〔宋〕郑虎臣：《吴都文粹》，清文渊阁《四库全书》补配清文津阁《四库全书》本。

〔宋〕郑樵：《通志》，《文渊阁四库全书电子版》，上海人民出版社、迪志文化出版有限公司1999年版。

〔宋〕祝穆：《方舆胜览》，清文渊阁《四库全书》本。

〔元〕陈桱：《通鉴续编》，清文渊阁《四库全书》本。

〔元〕陈性定：《仙都志》，明《正统道藏》本。

〔元〕马端临：《文献通考》，清浙江书局本。

〔元〕脱脱等：《宋史》，中华书局1977年版。

〔元〕脱脱等：《辽史》，中华书局1974年版。

〔元〕虞集：《道园学古录》，《四部丛刊》景明景泰翻元小字本。

〔元〕詹道传：《孟子集注纂笺》，清文渊阁《四库全书》本。

〔明〕白云霁：《道藏目录详注》，清文渊阁《四库全书》本。

〔明〕金圣叹，陆林辑校整理：《金圣叹全集》（修订版），凤凰出版社2016年版。

〔明〕李贤等：《明一统志》，清文渊阁《四库全书》本。

〔明〕潘之恒：《黄海》，四川大学出版社2022年版。

〔明〕彭大翼：《山堂肆考》，清文渊阁《四库全书》本。

〔明〕徐渭：《古今振雅云笺》，明末刻本。

〔明〕李时孚、李玽：《仙都志》，现庋藏日本国立公文书馆。

〔明〕梅鼎祚：《东汉文纪》，《文渊阁四库全书电子版》，上海人民出版社、迪志文化出版有限公司1999年版。

〔明〕王夫之：《周易内传》，清《船山遗书》本。

〔明〕张自烈：《正字通》，清康熙二十四年清畏堂刻本。

〔清〕包世臣：《小倦游阁集》，清小倦游阁钞本。

〔清〕曹寅：《全唐诗》，清文渊阁《四库全书》本。

〔清〕陈逢衡：《竹书纪年集证》，清嘉庆裛露轩刻本。

〔清〕陈立：《白虎通疏证》，清光绪元年淮南书局刻本。

〔清〕陈元龙：《格致镜原》，清文渊阁《四库全书》本。

〔清〕董诰：《皇清文颖续编》，清嘉庆武英殿刻本。

〔清〕董诰：《全唐文》卷四十三，清嘉庆内府刻本。

〔清〕顾炎武、黄汝成：《日知录集释》，清道光西溪草庐刻本。

〔清〕厉鹗：《宋诗纪事》卷三，清文渊阁《四库全书》本。

〔清〕史简：《鄱阳五家集》，清文渊阁《四库全书》本。

〔清〕宋翔凤：《过庭录》，清咸丰浮溪精舍刻本。

〔清〕袁枚：《随园随笔》，清嘉庆十三年刻本。

〔清〕张岱：《夜航船》，清钞本。

〔清〕张志聪：《灵枢经集注》，清康熙刻本。

〔清〕吴见思：《史记论文》，载陆永品（点校整理）：《〈史记论文〉〈史记评议〉》，东北师范大学出版社1985年版。

〔清〕沈翼机等：雍正《浙江通志》，清文渊阁《四库全书》本。

〔清〕乾隆《缙云县志》，台湾成文出版社有限公司1983年版。

〔清〕嘉庆《大清一统志》，《四部丛刊》续编景旧钞本。

〔清〕光绪《缙云县志》，台湾成文出版社有限公司1970年版。

〔清〕王聘珍：《大戴礼记解诂》，中华书局1983年版。

陈奇猷：《吕氏春秋校释》，学林出版社1984年版。

黄怀信等：《逸周书汇校集注》，上海古籍出版社2007年版。

梁启雄：《韩子浅解》，中华书局1960年版。

邱复兴：《孙子兵法详解》，上海古籍出版社2023年版。

王先谦：《庄子集解》，上海书店出版社1986年版。

徐元诰：《国语集解》，中华书局2002年版。

徐宗元：《帝王世纪辑存》，中华书局1964年版。

杨伯峻：《春秋左传注》，中华书局1990年版。

安志敏：《良渚文化及其文明诸因素的剖析》，载浙江省文物考古研究所（编）：《良渚文化研究——纪念良渚文化发现六十周年国际学术讨论会文集》，科学出版社1999年版。

陈隆文：《黄帝居轩辕丘地望考辨》，载复旦大学中国历史地理研究所（编）：《多尺度、多时空与多样性：2021年中国历史地理学国际学术研讨会论文集》，复旦大学出版社2023年版。

丁山：《中国古代宗教与神话考》，上海文艺出版社1988年版。

范文澜：《中国通史》第一册，人民出版社1996年版。

范文澜：《中国通史简编》，北京联合出版公司2020年版。

费孝通：《中华民族的多元一体格局》，载《北京大学学报（哲学社会科学版）》1989年第4期。

顾颉刚：《中国上古史研究讲义》，中华书局1988年版。

顾颉刚：《古史辨第四册顾序》，载《我与古史辨　走向大学问家的思想深处》，上海文艺出版社2001年版。

郭沫若：《殷周青铜器铭文研究》，人民出版社1954年版。

宫长为：《谈谈黄帝文化的表象与特征问题》，载《黄帝文化研讨会论文精编》内刊本，2023年。

何炳棣：《黄土与中国农业的起源》，香港中文大学1969年版。

何天行：《也谈良渚文化的发现人》，载林华东（编）：《良渚文化探秘》，人民出版社2006年版。

《华侨对于抗战的贡献》，《申报》1938年12月29日。

黄葵、刘春生：《孙子兵法词典》，四川教育出版社1998年版。

蒋卫东：《浅淡对良渚文化归宿问题的一些认识》，载《东方博物》第二辑，杭州大学出版社1998年版。

柯平：《文化浙江》，浙江文艺出版社2005年版。

李伯谦：《黄帝时代》，载张新斌等（主编）：《黄帝文化与黄河文化研究》，河南人民出版社2021年版。

李桂民：《黄帝的标识意义与中华民族共同体意识》，载《黄帝文化研讨会论文精编》内刊本，2023年。

李济：《李济文集》，上海人民出版社2006年版。

李学功：《文化记忆与黄帝信仰的普世意义》，载《缙云黄帝文化研究——中国第三届黄帝文化学术研讨会论文集》，西泠印社出版社2011年版。

李学功：《黄帝、蚩尤与中华民族的关系》，载《光明日报》2022年5月7日。

李学功：《拨开历史的迷雾：文化浙江与缙云黄帝文化研究论纲》，载《黄帝缙云　文化浙江——中国第四届黄帝文化学术研讨会论文集》，中国社会科学出版社2022年版。

李学功：《改变从思考开始——读史札迻》，黑龙江人民出版社2022年版。

李学功：《源文化：浙江黄帝文化若干问题的认识与思考》，载《黄帝文化研究》第五辑，中国社会科学出版社2023年版。

李学勤：《〈尝麦〉篇研究》，载《古文献丛论》，上海远东出版社1996年版。

李学勤：《中国铜镜的起源》，载傅杰（编）：《失落的文明》，上海文艺出版社1997年版。

李学勤：《中华古代文明的起源：李学勤说先秦》，生活·读书·新知三联书店2019年版。

梁启超：《中国史叙论》，载《梁启超全集》，北京出版社1999年版。

梁启超：《中国历史上民族之研究》，载《梁启超全集》，北京出版社1999年版。

梁启超：《论中国学术思想变迁之大势》，载《梁启超全集》，北京出版社1999年版。

林华东：《浙江通史》第1卷（史前卷），浙江人民出版社2005年版。

林华东：《河姆渡文化初探》，浙江人民出版社1992年版。

林士民：《从宁绍地区的遗址看河姆渡文化的发展》，载浙江省文物局、浙江省文物考古研究所、河姆渡遗址博物馆（编）：《河姆渡文化研究》，杭州大学出版社1998年版。

刘宝才：《黄帝是中华民族的光辉旗帜》，载《黄帝文化研讨会论文精编》内刊本，2023年。

刘宝才：《缙云仙都黄帝文化源远流长》，载《黄帝文化研讨会论文精编》内刊本，2023年。

刘家和：《古代中国与世界——一个古史研究者的思考》，武汉出版社1995年版。

刘庆：《黄帝传说与中华早期军事文明》，载《黄帝缙云　文化浙江——中国第五届黄帝文化学术研讨会论文集》，中国社会科学出版社2023年版。

李妙根：《刘师培文选》，上海远东出版社2011年版。

刘咸炘：《推十书》（增补全本）丙辑，上海科学技术文献出版社2009年版。

鲁迅：《鲁迅全集》第3卷，人民文学出版社1981年版。

吕思勉：《吕著中国通史》，北京日报出版社2018年版。

麻松旦：《缙云诗选》内刊本，2022年。

孟世凯：《孟世凯主要学术活动编年》（手稿）。

孟世凯：《缙云氏与黄帝》，载《黄帝文化研讨会论文精编》内刊本，2023年。

牟钟鉴：《文化学的视野：黄帝信仰与中华民族》，载陕西公祭黄帝陵工作委员会办公室（编）：《“纪念人文初祖黄帝　建设民族精神家园”学术研讨会论文选集》，陕西人民出版社2008年版。

彭邦本：《黄帝、黄帝文化初论》，载《黄帝文化研讨会论文精编》内刊本，2023年。

齐思和：《中国史探研》，中华书局1981年版。

全国人大图书馆：《中华苏维埃代表大会重要文献选编》，中国民主法制出版社2019年版。

沈长云：《石峁古城是黄帝部族居邑》，载《光明日报》2013年3月25日。

石兴邦、关中牛：《叩访远古的村庄：石兴邦口述考古》，陕西师范大学出版社2013年版。

施加余：《黄帝祠宇祭典》内刊本，2011年。

宋建：《论良渚文明的兴衰过程》，载浙江省文物考古研究所（编）：《良渚文化研究——纪念良渚文化发现六十周年国际学术讨论会文集》，科学出版社1999年版。

苏秉琦：《中国文明起源新探》，生活·读书·新知三联书店1999年版。

孙德谦：《诸子通考》，广文书局1975年版。

唐嘉弘：《中国古代民族研究》，青海人民出版社1987年版。

唐桦：《文化研究视域下的台湾社会：音乐、电影及其他》，厦门大学出版社2014年版。

童书业：《春秋左传研究》，上海人民出版社1980年版。

童书业：《春秋史》，上海人民出版社2019年版。

童书业：《童书业著作集》，中华书局2008年版。

王范之：《吕氏春秋研究》，内蒙古大学出版社1993年版。

王晖：《古史传说时代新探》，科学出版社2009年版。

王树民：《中国古代早期几个重要历史问题的真相》，载沈长云等（编）：《探古集》，中华书局2002年版。

王玉哲：《中华民族早期源流》，天津古籍出版社2010年版。

王震中：《黄帝时代的部族融合与和谐文化》，载《炎黄文化研究》第七辑，大象出版社2008年版。

汪济英：《河姆渡遗址试掘漫忆》，载浙江省博物馆（编）：《东方博物》第四辑，浙江大学出版社1999年版。

韦政通：《中国文化概论》，岳麓书社2003年版。

吴忠礼：《朔方集》，宁夏人民出版社2011年版。

夏鼐：《我国古代蚕、桑、丝、绸的历史》，载《考古》1972年第2期。

夏鼐：《汉唐丝绸和丝绸之路》，载《中国文明的起源》，文物出版社1985年版。

夏增佑：《古代史》，应急管理出版社2023年版。

项一中：《风雨千秋黄帝祠》，载《缙云黄帝文化研究　中国第三届黄帝文化学术研讨会论文集》，西泠印社出版社2011年版。

许倬云：《中国文化与世界文化》，贵州人民出版社1991年版。

徐旭生：《中国古史的传说时代》，广西师范大学出版社2003年版。

徐中舒：《先秦史十讲》，中华书局2009年版。

严文明：《仰韶房屋与聚落形态研究》，载《仰韶文化研究》，文物出版社1989年版。

严安林等：《台湾神灵》，九州出版社2006年版。

杨布生等：《中华姓氏通书：杨姓》，海南国际新闻出版中心1994年版。

杨宽：《中国上古史导论》，载《古史辨》第7册上编，上海古籍出版社1982年版。

杨向奎:《应当给“有虞氏”一个应有的历史地位》,载《文史哲》1956年第7期。

杨向奎:《中国古代社会与古代思想研究》(上册),上海人民出版社1962年版。

杨向奎:《宗周社会与礼乐文明》,人民出版社1992年版。

易华:《夷夏先后说》,民族出版社2012年版。

游修龄:《良渚文化时期的农业》,载浙江省文物考古研究所(编):《良渚文化研究——纪念良渚文化发现六十周年国际学术讨论会文集》,科学出版社1999年版。

于省吾:《释黾鼋》,载《古文字研究》第7辑,中华书局1982年版。

袁海波、李宇峰:《辽代汉文〈永清公主墓志〉考释》,载《中国历史文物》2004年第5期。

袁行霈等:《中华文明史》第一卷,北京大学出版社2006年版。

詹得雄:《不再乐观的未来——李光耀论印度》,载《参考消息》2013年12月23日。

詹子庆:《古史拾零》(线装版),东北师范大学出版社2005年版。

张广志:《缙云何以会成为黄帝文化的南方传播中心》,载《黄帝文化研讨会论文精编》内刊本,2023年。

张广志:《简论缙云黄帝文化发展的四个阶段》,载《黄帝文化研讨会论文精编》内刊本,2023年。

张之恒:《河姆渡文化发现的意义》,载浙江省文物局、浙江省文物考古研究所、河姆渡遗址博物馆（编）：《河姆渡文化研究》，杭州大学出版社1998年版。

张中海：《黄河传》，山东人民出版社2021年版。

章炳麟：《封建考》，载《章太炎全集》第4卷，上海人民出版社1985年版。

赵世超：《黄帝与黄帝文化研究》，载《浴日御日与铸鼎象物研究》，科学出版社2023年版。

赵世超：《黄帝与黄帝文化的南迁》，载《黄帝文化研讨会论文精编》内刊本，2023年。

浙江省文物管理委员会：《吴兴钱山漾遗址第一、二次发掘报告》，载《考古学报》1960年第2期。

徐辉等：《对钱山漾出土丝织品的验证》，载《丝绸》1981年第2期。

《浙江旧石器时代考古一鸣惊人》，载《浙江日报》2002年11月19日。

曾祥铎：《中国八年抗日战争胜利基本原因》，载《中华杂志季刊》1993年第4期。

邹衡：《夏商周考古学论文集》，科学出版社2001年版。

邹容：《革命军》，华夏出版社2002年版。

周伟洲：《黄帝与中华民族》，载《黄帝与中国传统文化学术讨论会文集》，陕西人民出版社2001年版。

中国人民政治协商会议陕西省委员会文史资料委员会等编：《于右任先生》，陕西人民出版社1991年版。

日本防卫厅防卫研究所战史室：《中国事变陆军作战史》第一卷第二分册，中华书局1981年版。

[日] 松本州弘：《大义之结——孙文与宫崎滔天》，《朝日新闻》2011年7月。

[美] 罗伯特·路威：《初民社会》，载吕叔湘（译）：《吕叔湘全集》第15卷译文集，辽宁教育出版社2002年版。

[德] 黑格尔：《法哲学原理》，商务印书馆1961年版。

[德] 哈拉尔德·韦尔策：《社会记忆：历史、回忆、传承》，北京大学出版社2007年版。

后 记

历史总是在创造中发展，在传承中延续。只要创造历史的时空犹在，斯土斯民的历史文化叙事就不会停顿。自然，关乎斯土的历史记忆也不会如云烟消散。

“浙江文化印记”系列丛书之一《黄帝文化》系浙江文化研究工程重点项目。感谢浙江省委宣传部和浙江省哲学社会科学工作办公室的关心和信任，特别是刘东巡视员的宽和与耐心，使我能够沉下心来分析和思考黄帝文化在浙江的斑斑史迹，作出甄别与选择。

就课题的研究与写作而言，2024甲辰年于我个人确乎不一般，这一年先是经历了上半年脚踝骨折后的静养与康复，继之是下半年声部病灶的发现与治疗，个人所承担的本科生课程生平第一次不得不交由同事协助完成。在此情形下，勉力完成了省重点项目《蔡声白年谱》的结题工作，与此同时，几乎是同步开始了黄帝文化的研究与写作。尽管有关黄帝文化的研究，一直是这些年置诸案头的一项工作内容，但对黄帝文化在浙江的课题进行一番全景式的思考和研究，无疑是一项全新的工作，其中甘苦非亲历者不足道。这是因为，《黄帝文化》课题的难点，不仅在于需要从历史学、文献学和文化学等多学科的视角回答黄帝文化与浙江的关系，还在于要对相关文献典籍及其版本进行甄别、选择与诠释，以及如何使用考古资料，审慎处理其与传说时代的对应关系，更在于如何在理论上科学回答“何以浙江”，等等。因此，某种意义上，黄帝文化的思考与写作，也是一次新的研究和知识发现与重构的过程。

历史学研究发展至今天，适逢中华文明进程的研究进入到一个新的历史阶段。特别是新石器时代考古学的新发现，以及由此产生的新的理论认识和观点争鸣，凡此皆对历史学重新认识黄帝及其所代表的五帝时代在中华文明进程中的角色和作用产生了深刻而积极的影响。历史学家赵光贤曾将先秦史研究归类为三条线：第一条线——考古；第二条线——古器物和古文字学；第三条线——历史学。赵老认为，史学工作者必须关注第一条线和第二条线，才能取得成绩。黄帝文化研究不仅需要上穷碧落以溯源的精神，还需要一番逐流考迹的功夫，是以虽不能至，然心有戚戚，心向往之。

感谢中国先秦史学界诸多师友的鼎力支持！文稿对诸位师友观点多有认同并引述，限于本书体例规定，不能将各位师友引文详细注解并注明具体出处，仅在参考文献部分刊列，这是不能不特别予以说明和抱憾处。感谢林华东等先生的悉心审读和提出的宝贵意见；感谢缙云县黄帝文化发展中心的关心和支持；也感谢柯国明先生，他总是急我之难，如及时雨般提供图片资料，特别是将流失日本的明刊本《仙都志》彩印送阅；感谢内子、湖州师范学院祝玉芳老师在资料爬梳与文稿校对方面做了大量工作；感谢李章程教授和我的学生陈伟扬博士在我养病期间代为参加审稿意见会；感谢浙江人民出版社责编人员的审校工作，确保了书稿质量。

是为跋记。

李学功

2025年2月13日于南太湖尺见阁